W0059990

Jan Philipp Reemtsma
Vorwort

Terror ist systematisch angewandte irreguläre Gewalt. Irregulär kämpft die Armee, die die (geschriebenen oder ungeschriebenen) Regeln bricht, die zur Zeit des Krieges gelten, das heißt wer Objekt möglicher Gewalttat werden kann oder darf, an welchem Ort, zu welcher Zeit, mit welchen Mitteln. Wenn im Kampf von einzelnen solche Regeln gebrochen werden – und das geschah und geschieht in jedem Krieg –, liegt eine Regelverletzung vor, die man, wenn sie gravierend ist, »Kriegsverbrechen« nennt und zuweilen auch ahndet. Wenn eine Armee sich punktuell immer wieder oder gar generell von solchen Regeln entbindet, führt sie einen verbrecherischen Krieg. Sie führt, und damit wechselt man auf ein anderes Terrain der Beschreibung, insofern einen terroristischen Krieg, als mit der Suspendierung des Regelhaften auch das Moment der Berechenbarkeit verlorengeht bzw. absichtsvoll aufgegeben wird. Wer Opfer einer Gewalttat werden kann (Soldat oder Zivilist), wo er das werden kann (auf dem Schlachtfeld oder zu Hause), wie er das werden kann (mit den gewöhnlich in Kampfhandlungen verwendeten Waffen oder durch verseuchtes Wasser, Giftgas, Massenbombardement), ist unklar. Teil dieser Unberechenbarkeit ist auch die Vervielfachung des Schreckens, daher der Begriff »Terror«.

Binnenstaatlicher Terrorismus ist ebenfalls gekennzeichnet durch die Kombination von Irregularität/Unberechenbarkeit und Systematik. Wer sein Opfer wird, weiß nicht, wer das Recht oder den Auftrag hat, ihm was und wie lange zu tun; wer sein Opfer werden kann, weiß nur dies und nicht, wie er sich in eine Position der Sicherheit begeben kann. Rechtliche Normen und gesicherte Verfahren, auf die man sich berufen und die in Gang gesetzt werden können und mit denen die Exekution der Gewaltmaßnahmen unterbrochen und überprüft werden könnte, gibt es nicht.

Guerillaarmeen pflegen ihre Schwäche an Zahl und Bewaffnung dadurch zu kompensieren, daß sie ihren Kampf von vornherein zu Teilen oder ganz auf die Ausübung von Terror abstellen. Das gilt sowieso hinsichtlich der Wahrnehmung von außen: da sie keine anerkannten Kombattanten darstellen, weil sie keine regulären Armeen von Staats wegen sind, gilt ihr Kampf von seiten ihrer Gegner definitionsgemäß als irregulär. Aber es handelt sich nicht nur um Definitionsfragen. Es gehört zum Guerillakampf, so zu kämpfen, daß der Gegner sich nicht zum Kampf stellen kann, daß er überrascht wird, daß er dort und dann getroffen wird, wo er sich am wenigsten gut verteidigen kann. Es gehört zum Guerillakampf auch, ein Höchstmaß an Unsicherheit und Schrecken unter den Soldaten der bekämpften Armee zu erzeugen. Aber die meisten Guerillaarmeen kämpfen nicht nur gegen eine Armee, sondern auch gegen eine Bevölkerung, die sie nicht unterstützt, beziehungsweise sucht die Unterstützung, der sie zu ihren Operationen meistens bedarf, durch Terror zu erzwingen: sei es durch provozierten Terror der gegnerischen Armee, die durch die Guerilleros angegriffen wird, aber zwischen eigentlichen Guerilleros und unterstützender und/oder neutraler Bevölkerung nicht unterscheiden will oder kann und übergreifend zurückschlägt, das heißt ihrerseits terroristisch kämpft,[1] sei es durch eigene präventive Gewalttaten oder deren Androhung.

Im Unterschied zu Guerillaarmeen, die sich zu regulären transformieren können und die zuweilen, wenn auch durchaus nicht immer, bewaffneter Teil einer politischen Alternative zu dem von ihr bekämpften politischen System sind, sind *Terrorgruppen* Gruppierungen, die nur im Medium des terroristischen Kampfes existieren, in ihm und für ihn sich bilden, und ihren Gruppenzusammenhalt, da sie nicht Teil von etwas anderem sind, aus den Modalitäten dieses Kampfes gewinnen. Die *RAF* war eine solche Terrorgruppe, und interessant ist, daß sie ihre eigene Wirklichkeit durch die Namengebung vorsorglich dementierte. Sie nannte sich »Rote Armee *Fraktion*«, um damit eine Konstellation von Teil und Ganzem zu suggerieren, die zwar kein Korrelat in der Wirklichkeit hatte, die sie aber zu ihrer Binnenlegitimation wie zu der nach außen wohl zu bedürfen meinte. Allerdings waren ihre tatsächlichen legitimatorischen Texte vom Pathos einer Avantgarde getragen, die den Teil für das noch nicht existierende Ganze nahm und einzig aus diesem Quidproquo ihre Legitimation bezog.

---

1 Um die terroristische Bekämpfung solchen Terrorismus zu verhindern, gibt es die internationalen Regelwerke, die das Maß an Grausamkeit festlegen, das eine Armee auch dann, wenn sie terroristischen Angriffen ausgesetzt ist, nicht überschreiten darf, festlegen sollen (vgl. Hamburger Institut für Sozialforschung [Hg.], Verbrechen der Wehrmacht. Dimensionen des Vernichtungskriegs 1941–1944, 2. Aufl., Hamburg 2002, S. 27).

Es ist üblich, Terrorgruppen aus ihnen zugeschriebenen politischen oder weltanschaulichen Motiven verstehen zu wollen sowie aus Erfahrungen, die bei ihren Mitgliedern zu der Überzeugung geführt hätten, ihre Ziele nicht anders als durch mörderische und latent oder manifest selbstmörderische Gewalt verfolgen zu können. Wie immer man die Rolle der Motive und Ziele von terroristischen Gruppen im einzelnen bewerten will – es gibt einige, bei denen kaum etwas Derartiges zu erkennen ist, und andere, die, jedenfalls nach außen hin, großen Wert darauf legen, als weltanschaulich motiviert wahrgenommen zu werden –, ein kurzer Blick in die Weltgeschichte des Terrorismus zeigt, daß außerordentlich unterschiedliche Weltanschauungen (ebenso wie deren gänzliche Absenz) zu, was Mechanismen der Gruppenbildung sowie und Art und Weise praktischen Agierens anlangt, außerordentlich ähnlichen Resultaten führen können. Die Studien Mark Juergensmeyers haben gezeigt, daß die heutzutage über die Weltreligionen verteilten fundamentalistischen Terrorgruppen alle in einem übereinstimmen: sie hassen die USA und die Juden.[2] Erweitert man den historischen Horizont, so stellt man fest, daß nur solche weltanschaulichen Angebote terrorfähig sind, die es erlauben, sowohl ein manichäisches Welt-Bild auszuprägen

---

2 Vgl. Mark Juergensmeyer, Terror im Namen Gottes. Ein Blick hinter die Kulissen des gewalttätigen Fundamentalismus, Freiburg 2004; Jan Philipp Reemtsma, Terroristische Gewalt: Was klärt die Frage nach den Motiven?, in: Michael Beuthner u.a. (Hg.), Bilder des Terrors – Terror der Bilder? Krisenberichterstattung am und nach dem 11. September, Köln 2003, S. 330–349.

wie der eigenen Gruppe den Status einer Avantgarde mit Herrschaftsanspruch zuzusprechen. Nicht die (politische oder religiöse) Weltanschauung ist es, die Menschen geneigt macht, sich Terrorgruppen anzuschließen und an sie bindet, sondern die Möglichkeit, ein undifferenziertes, vor ambivalenten Emotionen geschütztes Weltbild auszubilden, und in dieser Welt (wenigstens dem Anspruch nach) zu herrschen. Daß die Terrorgruppe in dieser selbstgemachten Welt Herrin über Leben und Tod ist, versteht sich dabei nicht nur gewissermaßen von selbst, sondern macht die Gruppe zusätzlich attraktiv.

Manche Menschen sind gern gewalttätig, manche sind es nicht. Wer sich ohne Zwang in eine Gruppe begibt, deren selbsterklärter Daseinszweck es ist, Menschen zu töten, findet zumindest den Gedanken daran so attraktiv, daß er sich seiner Verwirklichung bis zur Tat nähert. Manche schrecken vor dem letzten Schritt zurück, sei es bei ihrer Verhaftung, sei es durch zeitiges Verlassen der Gruppe. Terrorgruppen, die Gewalt nicht kultivieren – auch ästhetisch –, können, wie es scheint, nicht existieren. Gewalt, Waffenkult, Sprache, die signalisiert, daß man »um der Sache willen« vor nichts zurückschreckt, erlaubt es auch demjenigen, der bisher einigermaßen unbeachtet dahingelebt hat, der eigenen Existenz eine apokalyptische Aura zu verleihen. Und dort, wo Terrorgruppen erfolgreich zugeschlagen haben, sind sie ja tatsächlich außerordentlich bedeutsame politische Faktoren geworden. Sowenig realitätshaltig die Verlautbarungen vieler Terrorgruppen auch klingen – in ihren Taten bringen sie zuweilen Selbstbild und reale Bedeutung zur Deckung. Die Gewalttat selbst ist die wichtigste Selbstlegitimation und der Selbstmordanschlag, psychologisch betrachtet, alles andere als merkwürdig: der eigene Tod wird zur finalen Bedeutsamkeitserklärung.

Nach außen hin legitimieren sich Terrorgruppen dadurch, daß sie erklären, sie betrieben die Sache anderer, die entweder zu schwach oder zu feige seien, sie selbst zu betreiben. Entscheidend ist dabei – wie bei allen legitimatorischen Anstrengungen –, daß sie wenigstens einige finden, die ihnen das glauben. Die müssen die Praxis der Gruppe nicht billigen, aber sie müssen akzeptieren, daß es der Gruppe um dieselben Ziele geht wie ihnen und daß die Motive der Terroristen den eigenen ähneln, nur zu anderen Konsequenzen geführt haben. Bei denen, die für solche Legitimationsstrategien empfänglich sind, führt das oft zu etwas wie einem schlechten Gewissen, auch dann, wenn sie den Terror der Gruppe eigentlich ablehnen: Könnte es nicht sein, daß diese Ablehnung der eigenen Schwäche entspringt? Aus dieser emotionellen Disposition entsteht das, was zur Zeit der RAF-Aktivitäten »Sympathisantenszene« genannt wurde. Aus solchen Szenen rekrutieren Terrorgruppen Nachwuchs.

Ohne ein Umfeld, das in irgendeiner Weise weltanschaulich mit der Gruppe übereinstimmt, geht die Gruppe nicht nur an mangelndem Nachwuchs zugrunde, sie kann auch ohne einen solchen Zusammenklang als Gruppe nicht bestehen. Die Erregung, die für das Durchstehen eines immerhin gefährlichen und nicht nur aus den Hochgefühlen erfolgreich absolvierter Tötungskriminalität bestehenden täglichen Lebens, die von der Phantasie genährt wird, im Dienste einer Mission unterwegs zu sein, braucht den anerkennenden Blick. Nur aus dem Spiegel ist dieser nicht zu bekommen, es mögen die

Gruppenmitglieder noch so narzißtisch aufgeladen sein. Für den anerkennenden Blick braucht es ein gedankliches und emotionelles Klima, das ihn nicht nur möglich, sondern, wenigstens in einigen Situationen, wahrscheinlich macht: »Holger, der Kampf geht weiter!« – damit war von dem, der das rief, nicht der bewaffnete Kampf der RAF gemeint, sondern etwas für den Terrorismus ungleich Wichtigeres: die Anerkennung, daß man denselben Kampf kämpft.

Diese Anerkennung schafft aber noch nicht das für die Gruppenexistenz ebenfalls nötige Selbstbewußtsein als Avantgarde mit Führungsanspruch. Dieses Selbstbewußtsein muß repräsentiert werden, und dazu braucht es in der Regel einen Führer, der gleichzeitig Nähe und Distanz zum weltanschaulichen Umfeld verkörpert. Er muß glaubhaft darstellen – nicht darlegen – können, daß er »denselben Kampf« kämpft, und er muß glaubhaft darstellen können, daß er aus anderem, härterem Holz geschnitzt ist als diejenigen, die sich eben doch nicht trauen, »denselben Kampf« auch wirklich zu kämpfen.

Drittens muß die Gruppe in der Lage sein, ein Lebensgefühl zu produzieren, das es auf die Dauer attraktiv sein läßt, einer Terrorgruppe anzugehören. Dieses Lebensgefühl besteht, auch darin dürften sich die diversen Gruppen nicht voneinander unterscheiden, im Erregungsgewinn, der sich aus dem Avantgardestatus ergibt, sowie im Machterleben, das die Gewalttat gewährt.

Das vorliegende Buch stellt die drei Komponenten, aus denen die Terrorgruppe »Rote Armee Fraktion« ihre Existenz konstituierte, vor: 1. die theoretische Orientierung auf den bewaffneten Kampf in der bundesrepublikanischen Neuen Linken am Beispiel Rudi Dutschkes, 2. die Repräsentanz des Avantgardeanspruchs durch die Führungsfigur Andreas Baader, 3. die RAF als attraktive Lebensform.

Wolfgang Kraushaar
Rudi Dutschke und der bewaffnete Kampf

I. Die Entpuppung des Guerillero

Die Tatsache, daß es einen Zusammenhang zwischen der 68er-Bewegung und der RAF gibt, ist inzwischen unbestreitbar,[1] wie dieser jedoch genauer zu bestimmen ist, dürfte allerdings nicht so einfach zu klären sein und deshalb noch für längere Zeit in der Faktorenbestimmung, Ausdifferenzierung und Gewichtung umstritten bleiben.

Bis vor ein paar Jahren herrschte jedenfalls die Überzeugung vor, daß die bundesdeutsche Adaption der Stadtguerilla-Idee ein Produkt der auseinanderfallenden Studentenbewegung gewesen sei. Inzwischen hat sich

---

1 Bereits 1971 hatte Ulrike Meinhof im Namen der RAF die seinerzeit verbreiteten Zweifel aus dem Weg zu räumen versucht: »Die Rote Armee Fraktion leugnet, im Unterschied zu den proletarischen Organisationen der Neuen Linken, ihre Vorgeschichte als Geschichte der Studentenbewegung nicht, die den Marxismus-Leninismus als Waffe im Klassenkampf rekonstruiert und den internationalen Kontext für den revolutionären Kampf in den Metropolen hergestellt hat.« Das Konzept Stadtguerilla, in: ID-Verlag (Hg.), Rote Armee Fraktion. Texte und Materialien zur Geschichte der RAF, Berlin 1997, S. 36.

unter Zeithistorikern jedoch die Einschätzung durchgesetzt, daß diese ebenso wie die ersten Versuche einer praktischen Umsetzung weitaus früher anzusetzen sind und bis in die Zeit vor der Studentenrevolte reichen. Mit anderen Worten: Das Konzept, in einem hochindustrialisierten westeuropäischen Land wie der Bundesrepublik eine eigene Guerillagruppe aufbauen zu wollen, ist vermutlich nicht einfach als das Zerfalls- und Verzweiflungsprodukt der 68er-Bewegung zu erklären. Wie es zu dieser Ansicht gekommen und ob diese auch weiterhin aufrechtzuerhalten ist, bedarf allerdings einer genaueren Überprüfung.

Gedächtnisschwund und Erinnerungsverlust

Die Schwierigkeit, die Ursprünge der Stadtguerilla und des Terrorismus in der Bundesrepublik Deutschland zu eruieren, liegt zweifellos auch in dem Umstand begründet, daß es zur Natur derartiger Gruppen gehört hat und zum Teil immer noch gehört, konspirativ zu arbeiten, sich nach außen hin soweit als möglich abzukapseln und ihre Kenntnisse – ob als Täter, Mittäter oder nur als Mitwisser – über Jahrzehnte hinweg wie eine Art Arkanwissen zu hüten. Darüber hinaus ist die Tendenz unverkennbar, daß von ehemaligen Akteuren trotz allen autobiographisch gefärbten Bekennerdrangs zuweilen falsche Fährten ausgelegt oder Gedächtnisschwund und Erinnerungsverlust angeführt werden, um die Schutzfunktion auch im nachhinein zu erneuern.

Vielleicht ist es in diesem Zusammenhang auch alles andere als Zufall, daß die einzige Arbeit, die es neben der maßgeblichen Monographie von Michaela Karl über Rudi Dutschke gibt, in der der Gewaltfrage, der Illegalität und dem bewaffneten Kampf ein zentraler Platz eingeräumt wird,[2] von einem ehemaligen politischen Kontrahenten stammt, dem früheren RCDS-Bundesvorsitzenden und späteren CDU-Bundestagsabgeordneten Gerd Langguth.[3]

»Holger, der Kampf geht weiter!«

Mißverständnisse, Verdrehungen, Unterstellungen und Fehlinterpretationen auf der einen, aber auch Mehrdeutigkeiten, Leichtfertigkeiten und emotionaler Überschwang auf der anderen Seite begleiteten – was kaum überraschen kann – Dutschkes öffentliche Auftritte. Doch keiner seiner Aussprüche hat so viel Aufsehen erregt, für so viele unzählige Nachfragen und für so viel Wirbel gesorgt wie jener vom 18. November 1974. Als mit Holger Meins einer seiner ehemaligen politischen Kampfgefährten, der in einem Hungerstreik umgekommene RAF-Angehörige, auf einem Hamburger Friedhof

---

2 Michaela Karl, Rudi Dutschke. Revolutionär ohne Revolution, Frankfurt am Main 2003.

3 Der CDU-Politiker und Politikwissenschaftler überzieht seine Hypothesen allerdings, indem er glaubt, einen Kausalzusammenhang zwischen Dutschke und dem Terrorismus unterstellen und die Theoretiker der Frankfurter Schule obendrein als »Ideologie-Lieferanten« der Gewaltentgrenzung abqualifizieren zu können: Gerd Langguth, Mythos '68, Bonn 2001, S. 58 und 27.

begraben wird, reckt Dutschke plötzlich seine Faust empor und ruft ihm – Otto Schily steht, den *Spiegel* unter den Arm geklemmt, nur wenige Schritte entfernt – am offenen Grab hinterher: »Holger, der Kampf geht weiter!« Ob es eine geplante oder eher eine spontane Akklamation war, bleibt offen. Für die meisten Presseorgane ist der Ausruf jedenfalls das, was gemeinhin als gefundenes Fressen bezeichnet wird. Da völlig unklar bleibt, wie der Ausspruch zu verstehen ist,[4] kann er als offene Unterstützung der RAF ausgelegt werden. Und genau das passiert.

Da sich offenbar besorgte Freunde an ihn gewendet haben und die Parole nicht länger unkommentiert im Raum stehenbleiben soll, meldet sich Dutschke kurze Zeit später im *Spiegel* zu Wort, um die von ihm am offenen Grab gebrauchten Worte zu erläutern:

---

4 In seinem Tagebuch schreibt Dutschke im Zusammenhang mit dem Tod von Meins von einem »Halb-Mord«: »Nun ist wieder einer gefallen, H[olger] M[eins] starb im Knast, die Schweine werden einen RAF-Toten im Rahmen des Hungerstreiks durchaus einkalkuliert haben; laut D. in Frankfurt haben das auch die RAFs für möglich gehalten, um auf diese Weise die Isolationshaft zu durchbrechen. Die Zerstörungs- und Selbstzerstörungs-Logik ist offensichtlich. Wie wird die uninformiert gehaltene breite ›Öffentlichkeit‹ auf diesen Halb-Mord reagieren? Wird es der Ausgangspunkt sein, der nach der Ermordung von Benno [Ohnesorg] erfolgte? Niemals. Die Lage ist völlig verändert.« Rudi Dutschke, Jeder hat sein Leben ganz zu leben. Die Tagebücher 1963–1979, hrsg. von Gretchen Dutschke, Köln 2003, S. 223.

16

»Der politische Kampf gegen die Isolations-Haft hat einen klaren Sinn, darum unsere Solidarität. Die Ermordung eines antifaschistischen und sozialdemokratischen Kammer-Präsidenten ist aber als Mord in der reaktionären deutschen Tradition zu begreifen. Der Klassenkampf ist ein politischer Lernprozeß. Der Terror aber behindert jeglichen Lernprozeß der Unterdrückten und Beleidigten.«[5]

Es ist spürbar, daß er mit dieser Erläuterung einer Distanzierung oder Einschränkung aus dem Weg zu gehen versucht. Der »Kampf« soll demnach fortgesetzt werden, jedoch nicht für die RAF und ihre Ziele, sondern gegen die »Isolations-Haft«. Bemerkenswert ist dabei allerdings, daß er diese Klarstellung zum Anlaß nimmt, um sich gegen die Ermordung des in Reaktion auf den Hungertod von Holger Meins von Mitgliedern der »Bewegung 2. Juni« umgebrachten Richters Günter von Drenkmann auszusprechen.

In persönlichen Dokumenten läßt Dutschke später durchblicken, daß er seinen Ausruf für einen politischen Fehler hält. In einem Brief an Freimut Duve schreibt er im Februar 1975, daß er seine Reaktion für »psychologisch verständlich«, politisch jedoch für »nicht angemessen reflektiert« halte.[6]

---

5 Leserbrief von Rudi Dutschke, Der Spiegel vom 25. November 1974, 28. Jg., Nr. 48, S. 7.
6 Brief Rudi Dutschkes an Freimut Duve, 1. Februar 1975, Nachlaß im Archiv des Hamburger Instituts für Sozialforschung.

Als Dutschke am Heiligabend 1979 völlig überraschend an den Spätfolgen des Attentats stirbt, ist der Schock groß. Nachdem die Nachrufe gedruckt, die Reden bei der Beerdigung auf dem Dahlemer Friedhof gehalten und die Szenen der Trauerfeier im Auditorium maximum der Freien Universität, von peinlichen Auftritten esoterisch anmutender Öko-Fundamentalistinnen unterbrochen, vorüber sind, scheint sich ein Bild von der Ikone der 68er-Bewegung herauszukristallisieren, das sich mehr und mehr den vier Grundprinzipien der nur wenige Tage später in Karlsruhe gegründeten Partei der Grünen zu fügen scheint – ökologisch, basisdemokratisch, sozial und gewaltfrei.[7]

… *und Fritz Teufels Einspruch*

Gegen dieses Bild eines grün angehauchten, christlichen Pazifisten hat sich schon bald darauf erheblicher Unmut geregt.[8] Einer der markantesten Einwürfe stammt von

---

7 Vgl. etwa den Nachruf eines der ehemals schärfsten Dutschke-Kritiker: Jürgen Habermas, Ein wahrhaftiger Sozialist. Zum Tode von Rudi Dutschke, Die Zeit vom 4. Januar 1980, 35. Jg., Nr. 2, S. 7. Außerdem den Sammelband mit Nachrufen: Peter Bernhardi (Hg.), Rudi Dutschke, Frankfurt am Main 1987.

8 Dutschke selbst hat dazu ganz unmißverständlich festgehalten: »Ich schätze jeden pazifistisch orientierten Demokraten oder Sozialisten – ich bin es nicht.« Rudi

dem seinerzeit in Moabit einsitzenden Ex-Kommunarden Fritz Teufel. Die *tageszeitung* publiziert am 15. Januar 1980 einen von Teufel verfaßten Nachruf. Darin greift er den Ausspruch am Grab von Holger Meins noch einmal auf und schreibt: »Ohne das Attentat, meint Erich Fried, hätte Rudi Ulrike Meinhof vom bewaffneten Kampf abgehalten. Ohne das Attentat, meine ich, wäre Rudi vielleicht selbst diesen Weg gegangen und hätte dem bewaffneten Kampf in den Metropolen, ebenso wie Ulrike, entscheidende Impulse geben können.«[9] Im nächsten Satz jedoch relativiert er diese Behauptung und bemerkt, als sei ihm bei seiner eigenen Feststellung nicht ganz wohl: »Doch das sind Spekulationen.« Mit dem letzten Satz schraubt er die Spirale um eine Drehung weiter und ruft Dutschke in aller Entschlossenheit hinterher: »Rudi, der Kampf geht weiter!« Damit ist er bei jener Mehrdeutigkeit angelangt, von der bereits Dutschkes Parole selbst gekennzeichnet gewesen ist.

Die Entdeckung des Organisationsreferats

Nach Teufels Einspruch dauert es nur zwei Wochen, bis ein Dokument auftaucht, das Dutschkes Verhältnis zum bewaffneten Kampf nicht nur in einem anderen Licht, sondern auch auf einer anderen Grundlage darstellt. Es geht um das geheimnisumwitterte »Organisationsrefe-

---

Dutschke, Aufrecht gehen. Eine fragmentarische Autobiographie, hrsg. von Ulf Wolter, West-Berlin 1981, S. 167.

9 Fritz Teufel, Rudi, der Kampf geht weiter!, die tageszeitung vom 15. Januar 1980.

rat«, das Dutschke auf der Frankfurter SDS-Delegiertenkonferenz im September 1967 gehalten hatte. Es galt bis
dahin als verschollen. Nun findet es sich plötzlich wieder und wird im Februar 1980 erstmals in der Frankfurter Studentenzeitung *diskus* abgedruckt und ausführlich
kommentiert.[10] Aus verschiedenen Gründen ist es ein,
wenn nicht *das* Schlüsseldokument aus der Geschichte
des SDS. Es war alles andere als Zufall, daß sich beim ersten großen Symposium über die Geschichte des SDS,
das 1985 an der Freien Universität stattfand und durch
Porträts von Dutschke und Krahl eingeleitet worden war,
die heftigsten Debatten gerade um jenes so lange ver-
schollene Dokument drehten.[11]

Erst im September 1967 hatte es Dutschke gewagt, mit
seinem Konzept des bewaffneten Kampfes an eine größere Öffentlichkeit heranzutreten. Auf der unter der
Fahne des Vietcong im Frankfurter Studentenhaus einbe-
rufenen SDS-Delegiertenkonferenz legte er das gemeinsam mit Hans-Jürgen Krahl, dem intellektuellen Kopf des
Frankfurter SDS, verfaßte »Organisationsreferat« vor.
Die entscheidende, inzwischen häufiger zitierte Auffor-
derung an die SDS-Delegierten lautete in einer bis zum
Bersten aufgeblähten Diktion:

---

10 Rudi Dutschke/Hans-Jürgen Krahl, Organisationsreferat,
     diskus – Frankfurter Studentenzeitung, 30. Jg., Nr. 1/2,
     Februar 1980, S. 6–9.
11 Vgl. Siegward Lönnendonker (Hg.), Linksintellektueller
     Aufbruch zwischen »Kulturrevolution« und »kultureller
     Zerstörung« – Der Sozialistische Deutsche Studentenbund
     (SDS) in der Nachkriegsgeschichte (1946–1969). Doku-
     mentation eines Symposiums, Opladen/Wiesbaden 1998.

»Die ›Propaganda der Schüsse‹ (Ché) in der ›Dritten Welt‹ muß durch die ›Propaganda der Tat‹ in den Metropolen vervollständigt werden, welche eine Urbanisierung ruraler Guerilla-Tätigkeit geschichtlich möglich macht. Der städtische Guerillero ist der Organisator schlechthinniger Irregularität als Destruktion des Systems der repressiven Institutionen.«[12]

Im Unterschied zur im Grunde revisionistischen Struktur des bisherigen SDS müsse das »Problem der Organisation« von nun an als »Problem revolutionärer Existenz«[13] betrachtet werden. Das Referat wurde, wie die wenigen Presseberichte belegen, überaus gespalten aufgenommen.[14] Ein Teil der Delegierten feierte es mit frenetischem

---

12 Rudi Dutschke/Hans-Jürgen Krahl, Organisationsreferat, unter dem nichtautorisierten Titel »Sich-Verweigern erfordert Guerilla-Mentalität« postum veröffentlicht in: Rudi Dutschke, Geschichte ist machbar, West-Berlin 1980, S. 94.

13 Ebenda, S. 95.

14 Ein Teilnehmer der Delegiertenkonferenz verdeutlichte den im »Organisationsreferat« verklausuliert hergestellten Zusammenhang so: »Subjekt der Umwälzung ist für Dutschke nicht mehr die Arbeiterklasse allein, sondern gleichberechtigt mit ihr alle gesellschaftlichen Randgruppen, die sich gegen bürokratische Bevormundung erheben. In der Konsequenz empfiehlt er, analog zum Guerillakrieg in den unterentwickelten Ländern, den Guerillakrieg in der Stadt: Aktionsgruppen von Berufsrevolutionären, die in der direkten Aktion zunächst ihr eigenes Bewußtsein entwickeln, um daran anschließend potentielle Oppositionskerne zu beeinflussen und weiter zu entwickeln, die am Bewußtsein breiterer Massen ansetzen, um diese für den Kampf gegen die Staatsgewalt zu

Applaus, ein anderer Teil reagierte mit strikter Ablehnung. Der Vertreter der als »traditionalistisch« geltenden Bonner SDS-Gruppe, Hannes Heer, scheute sich sogar nicht, den von Habermas erhobenen Vorwurf aufzugreifen und Dutschke als »Linksfaschisten« abzukanzeln. Dies änderte jedoch nichts daran, daß es dem von Dutschke und Krahl repräsentierten antiautoritären Flügel auf dieser Delegiertenkonferenz erstmals gelang, die Mehrheit zu stellen und sich mit eigenen Kandidaten bei den Wahlen zum Bundesvorstand durchzusetzen.

Mit der postumen Veröffentlichung des »Organisationsreferates« war offenbar der Knoten geplatzt. Dutschke schien nun derjenige zu sein, der erstmals und in aller Öffentlichkeit zur Bildung einer Stadtguerilla aufgerufen hatte.

Die beiden Sprengstoff-Episoden

Danach dauerte es allerdings einige Jahre, bis sich ehemalige Mitkämpfer aus seinem engeren Umfeld fanden, die bereit waren, von Dingen zu berichten, die Risse im Dutschke-Bild hätten auslösen oder gar Dutschkes Rolle in Mißkredit bringen können. Einer derjenigen, der mit seinen Erinnerungen auf den Plan tritt, ist ein Schriftsteller, der insbesondere durch seine regimekritischen Veröffentlichungen über das Schah-Regime hierzulan-

---

gewinnen.« Meino Büning, Im Dickicht der Städte – Die 22. Delegiertenkonferenz des SDS, in: Bulletin des Fränkischen Kreises, Nr. 102, Oktober 1967, S. 33.

de Einfluß ausgeübt hat. In seinen 1989 erschienenen Deutschland-Erinnerungen schildert der iranische Publizist Bahman Nirumand einen in letzter Sekunde abgeblasenen Bombenanschlag, mit dem Sendemasten der American Forces Network (AFN) hätten in die Luft gesprengt werden sollen.[15]

Zusammen mit Dutschke war Nirumand am 29. Februar 1968 von West-Berlin aus nach Frankfurt geflogen, um dort auf einer Veranstaltung gegen den Vietnamkrieg aufzutreten.[16] Die Bombe, die im übrigen – wie sich später herausstellte – von dem Verfassungsschutzagenten Peter Urbach stammte, führten sie im Koffer mit sich. Nach ihrer Ankunft wurden sie plötzlich von der Polizei festgehalten. Als sie sich weigerten, irgendeine Auskunft über den Zweck ihres Besuchs zu erteilen, sollten sie gezwungen werden, mit aufs Polizeipräsidium zu fahren. Da sich Dutschke beklagte, daß er sich nicht die ganze Zeit über mit dem schweren Koffer abschleppen wolle, waren ihnen die Polizeibeamten ganz nach dem Motto »Die Polizei, dein Freund und Helfer« dabei behilflich, das Gepäckstück in einem Schließfach unterzustellen. Nach dem Verhör, das nur eine halbe Stunde dauerte, konnten sie wieder zurück, um sich unbehindert den Koffer abzuholen. Der Plan, die Bombe einem Freund in Saarbrücken auszuhändigen, erwähnt Nirumand abschließend, sei

15 Bahman Nirumand, Leben mit den Deutschen. Briefe an Leila, Reinbek 1989, S. 112–114.

16 Zum Ablauf dieser Vietnam-Demonstration vgl. Wolfgang Kraushaar, Frankfurter Schule und Studentenbewegung. Von der Flaschenpost zum Molotow-Cocktail, 1946–1995, Bd. I: Chronik, Hamburg 1998, S. 298–300.

dann wegen technischer Probleme nicht weiterverfolgt worden.

Eine weitere Sprengstoff-Episode ist inzwischen von einer Person geschildert worden, der noch weniger unterstellt werden kann, sie könne irgendein Interesse haben, das Dutschke-Bild zu beschädigen – sie stammt von seiner Witwe Gretchen Klotz-Dutschke. Am Vorabend des Internationalen Vietnamkongresses in West-Berlin erschien mit dem Mailänder Verleger Giangiacomo Feltrinelli ein enger Kampfgefährte in Dutschkes Wohnung. In der Biographie, die sie 1996 über ihren Mann publiziert hat, beschreibt sie detailliert, was sich dort am 16. Februar 1968 abgespielt hat.[17]

Feltrinelli hatte in seinem vor der Haustür geparkten Wagen eine ganze Ladung von Dynamitstangen auf der Rückbank verstaut und suchte nach einer Möglichkeit, die gefährliche Fracht an einem möglichst sicheren Ort zwischenzulagern. Zum Erschrecken des jungen Elternpaares kam er auf die Idee, die Stangen im Kinderwagen zu verstecken und zur Tarnung den erst wenige Monate alten Hosea-Che darüber zu legen. Trotz aller Skrupel ließen sie sich darauf ein und begaben sich mit ihrer Sprengladung in die Wohnung des Rechtsanwalts und Liedermachers Franz Josef Degenhardt.

Ein Jahr vor seinem Tod hat Dutschke die abenteuerliche Geschichte des Sprengstoff-Transports selbst öffentlich bestätigt. Zwei italienischen Journalisten gegenüber,

---

17 Gretchen Dutschke, Wir hatten ein barbarisches, schönes Leben. Rudi Dutschke. Eine Biographie, Köln 1996, S. 179 f.

die sich besonders für seine Beziehungen zu dem 1972 umgekommenen Feltrinelli interessierten,[18] erklärte Dutschke:

»Es ging darum, wenn der Angriff des Westimperialismus in Vietnam sich weiter steigerte und wir keine andere Möglichkeit mehr sahen, daß bestimmte amerikanische Schiffe, die mit Kriegsmaterial direkt nach Vietnam fuhren – daß wir sie halt auch sprengen. Im Hintergrund stand dabei nicht die Ideologie der Rote-Armee-Fraktion, sondern, wie es damals formuliert wurde: Gewalt gegen Sachen, aber nicht Gewalt gegen Personen. Um Aufklärung und Aktion durchzuführen, als symbolischer Akt, ohne dabei im geringsten Gewalt gegen Menschen anzuwenden.«[19]

Auch hier ist es Dutschke von Bedeutung, den Differenzpunkt zur RAF hervorzuheben.

Beide Episoden stellen Ausschnitte eines Zusammenhanges dar, der sich vielleicht niemals vollständig wird rekonstruieren lassen. Wie weit jedoch Dutschke auf dem Höhepunkt der 68er-Bewegung selbst in öffentlichen Erklärungen zu gehen bereit gewesen ist, dokumentiert ein Interview, das er dem Chefredakteur von »Stern-TV« im März 1968 gegeben hat.

»Natürlich bin ich bereit«, räumt er ein, »mit der Waffe in der Hand zu kämpfen. Und ich glaube, es sind Tausende bereit, dann zu kämpfen, wenn die Bundesrepublik, oder sagen wir treffender: wenn die herrschenden Cliquen und Oligopole in

---

18 Zum mysteriösen Tod Feltrinellis: Wolfgang Kraushaar, Aus der Protest-Chronik, in: Mittelweg 36, 13. Jg., Heft 5, Oktober/November 2004, S. 124–129.

19 Interview mit Rudi Dutschke von Valerio Riva und Claudio Pozzoli, 1978, zitiert nach Ulrich Chaussy, Die drei Leben des Rudi Dutschke, Berlin 1993, S. 214 f.

der Bundesrepublik nicht willens sind, einen eigenen Weg außerhalb der NATO zu gehen und wenn sie dann direkte Hilfsfunktionen, auch im militärischen Sinne, für den US-Imperialismus ausüben. Dann muß der Imperialismus dort, wo er auftritt, und das heißt: hier in der Bundesrepublik, mit den Mitteln, die er benutzt, geschlagen werden.«[20]

Dutschke läßt keinen Zweifel daran, daß er im Falle einer weiteren NATO-Zugehörigkeit der Bundesrepublik – eine Entscheidung, die im April 1969, zwanzig Jahre nach Gründung des Sicherheitsbündnisses, zu fällen war – den bewaffneten Kampf für legitim halten würde.

Es gibt noch zwei weitere Punkte, die es hier zu erwähnen gilt.

Erstens: In unmittelbarem Anschluß an die erwähnte Frankfurter Delegiertenkonferenz reiste Dutschke im September 1967 nach Mailand weiter, um Feltrinelli zu besuchen. Die darüber im Tagebuch auffindbaren Notizen sind mehr als dürftig.[21] Auch nur wenig ausführlicher wird dieser Besuch in Gretchen Dutschkes Buch abgehandelt.[22] Im Grunde aber muß hinter das mehrtägige

---

20 Das von Wolfgang Venohr gedrehte »Portrait Rudi Dutschke« ist wegen des Attentats am 19. April 1968 vorzeitig im WDR ausgestrahlt worden.

21 Dutschke hielt sich im Anschluß an die SDS-Delegiertenkonferenz in Frankfurt vom 11. bis zum 13. September 1967 bei dem Verleger Giangiacomo Feltrinelli in Mailand auf. Dabei unterhielten sie sich u. a. über Feltrinellis Bolivien-Aufenthalt. Vgl. Rudi Dutschke, Jeder hat sein Leben ganz zu leben, S. 62.

22 Gretchen Dutschke, Wir hatten ein barbarisches, schönes Leben, Köln 1996, S. 153 f.

Treffen bei dem berühmten Verleger, der nicht nur seit Jahren über engste Kontakte zu Fidel Castro verfügte, sondern zwei Monate zuvor auch nach Bolivien geflogen war, um Che Guevara bei seiner Expedition zu unterstützen, ein großes Fragezeichen gesetzt werden.[23]

Zweitens: Nicht weniger von Gerüchten umwoben ist das *Internationale Nachrichten- und Forschungsinstitut*, kurz INFI genannt, von dem aus Dutschke zusammen mit Gaston Salvatore den Vietnamkongreß organisiert hat. Über die Rolle des INFI, das im SDS-Zentrum am Berliner Kurfürstendamm untergebracht war und von Feltrinelli gemeinsam mit Peter Weiss finanziert worden sein soll, finden sich so gut wie keine Dokumente. Es gibt bislang lediglich mündliche Berichte über die Aufgabenstellung des INFI. Neben Dutschke und Salvatore gehörten mit Georg von Rauch, Bommi Baumann und Günter Langer drei Aktivisten dazu, die bald den umherschweifenden Haschrebellen zugeordnet wurden. Im INFI soll der mißlungene Bombenanschlag auf die Wagenkolonne von US-Präsident Richard Nixon bei dessen Berliner Antrittsbesuch im Februar 1969 vorbereitet wor-

---

23 In einem Brief, in dem Feltrinelli dem rekonvaleszenten Dutschke finanzielle Unterstützung zusagt und ihm zur Erholung auch einen Aufenthalt in seinem Kärntner Jagdhaus anbietet, skizziert er die seiner Ansicht nach prärevolutionäre Situation in Europa und begründet, warum es – mit den Worten von Karl Marx – nun angesagt sei, »von der Waffe der Kritik zu der Kritik der Waffen« überzugehen. Vgl.: Brief von Giangiacomo Feltrinelli an Rudi Dutschke vom 4. Juli 1968, Archiv des Hamburger Instituts für Sozialforschung.

den sein.[24] Zu dem Zeitpunkt hielt sich Dutschke, der nach dem Attentat mehrere Jahre benötigte, um wieder zu genesen, allerdings schon längst nicht mehr in West-Berlin auf.

Dutschkes Adaption der Focus-Theorie

Im Jahr 2002 ist nun ein weiteres Dokument aufgetaucht, das detaillierte Überlegungen Dutschkes zur Rolle einer Guerilla enthielt. In einem Forschungsprojekt zur Geschichte des SDS, das aus dem erwähnten Symposium von 1985 resultierte, haben sich Siegward Lönnendonker und Jochen Staadt in einem Kapitel, das sich um die Opposition zum Vietnamkrieg dreht, maßgeblich auf die Einordnung, Analyse und Bewertung eines Dokuments konzentriert.[25]

Es beginnt zunächst mit einem Brief Dutschkes an Dieter Kunzelmann:

»Haben heute mit Neuss ein Aktionsgespräch gehabt [...] wollen mit Euch anläßlich des Beginns der neuen Nord-Vietnam-Bombardements eine Nacht und Nebel-Klebeaktion für München und West-Berlin durchführen [...] Härtere koordinierte Aktionen müssen sich der amerikanischen Escalation anpassen [...] Die Kosten wird N[euss] tragen [...]

---

24 Vgl. Michael Baumann, Wie alles anfing, München 1975, S. 47.

25 Siegward Lönnendonker/Bernd Rabehl/Jochen Staadt, Die antiautoritäre Revolte. Der Sozialistische Deutsche Studentenbund nach der Trennung von der SPD, Bd. 1: 1960–1967, Wiesbaden 2002, S. 233–243.

Nach der Antwort folgt die Geld- und Druckanweisung mit Text. Sendung nach Berlin per Luft-Koffer, Schlüssel-Telefon-Lösungswort. Die Dreckamis werden uns nicht viel Zeit lassen.«[26]

Was folgte, ist inzwischen mehrfach beschrieben worden. Im Anschluß an eine nächtliche Plakatklebeaktion, die unter der Parole »Amis raus aus Vietnam!« in der Nacht vom 4. auf den 5. Februar 1966 in verschiedenen Teilen West-Berlins durchgeführt und bei der ein Teil der Aktivisten festgenommen worden war, regte sich im SDS heftiger Unmut. Einige forderten den Ausschluß der Plakatkleber aus dem Berliner Landesverband. Sogar der Bundesvorsitzende Helmut Schauer wurde eigens eingeflogen, um deutlich zu machen, daß eine illegale Aktion wie diese »unvereinbar mit der Vietnam-Politik des SDS« sei. Der Wortführer der vom Ausschluß Bedrohten – niemand anders als Dutschke – ging jedoch bei der nächsten Landesvollversammlung in die Offensive. Er verteidigte nicht nur das Vorgehen, sondern forderte mit Verweis auf den Vietcong und andere Kampforganisationen »prinzipiell illegale Demonstrationen und Aktionen«. Von Ausschluß war danach keine Rede mehr.

Aus Dutschkes handschriftlichen Notizen, die Lönnendonker und Staadt zitieren, gehen Kontext und Stellenwert der illegalen Aktion hervor. Dutschke ist bereits sehr viel weiter, als die meisten ahnen. Unter der Überschrift »Fokustheorie i. d. 3. Welt und ihre Neube-

---

26 Brief von Rudi Dutschke an Dieter Kunzelmann vom 9. Januar 1966, in: Archiv des Hamburger Instituts für Sozialforschung.

stimmung in den Metropolen«[27] geht es ihm um eine Übertragung von Guevaras Guerillatheorie auf die Westberliner Verhältnisse:

Die Universität ist für ihn dabei »das schwächste Glied«, von dem aus mit dem »Langen Marsch durch die Institutionen« begonnen werden soll. Die Universität ist ein »Focus«, von dem »kleinste homogene Guerilla-Einheiten« ihren Ausgang nehmen sollen. Diese »Guerilla-Einheiten« sind für ihn »das treibende Moment der Gesamtsituation«. Mit ihnen soll in einem langen Prozeß die »Aufstandsphase der Revolution« eingeleitet werden. Dafür müsse ein »urbaner militärischer Apparat« aufgebaut werden. Dieser gliedere sich in Parallelorganisationen der Selbstverteidigung« und sogenannte »T. u. Son.-Gruppen«, mit denen irgendwann zur »Konter-Offensive« übergegangen werden solle. Was es mit den »T. u. Son.-Gruppen« auf sich hat, wird nicht ausgeführt. Dutschke schreibt hier bereits explizit von der »Stadtguerilla«, bemüht sich, ihre soziale Basis ebenso wie auch ihre Grenzen, wie z.B. ihre »Verwundbarkeit durch Repression«, zu benennen. Ihm schweben Kleingruppen von jeweils vier bis sechs Kämpfern vor, die eine regelrechte Doppelexistenz führen.

Hier also liegt das Konzept einer Stadtguerilla – lange bevor es von dem brasilianischen Kommunisten Carlos Marighella seit Ende 1967 in São Paulo praktiziert und im »Handbuch des Stadtguerillero« kanonisiert worden

---

27 Rudi Dutschke, Notizen, Mappe 3, Fokustheorie i. d. 3. Welt und ihre Neubestimmung in den Metropolen, Blatt 1–3, undatiert, K 21/48, Archiv des Hamburger Instituts für Sozialforschung.

ist[28] – bereits in nuce vor. Dieses Dokument belegt, daß die Idee, in Parallele zur lateinamerikanischen Landguerilla nun auch in einer europäischen Großstadt eine Guerillagruppierung aufzubauen, nichts mit dem Verlauf der Studentenrevolte zu tun hat – weder mit ihrem Beginn im Juni 1967 noch mit ihrem Ende im Spätsommer 1969. Mit anderen Worten – der Beginn des Stadtguerillakonzepts ist nicht mit dem »Organisationsreferat« auf den September 1967, sondern auf den Februar 1966 zu datieren. Und vielleicht ist auch das nur ein Zwischenergebnis, das durch die Auffindung anderer Dokumente irgendwann revidiert werden muß.

Dutschkes Notizen aus dem Nachlaß

Inzwischen sind fast alle Texte Rudi Dutschkes publiziert, darunter zuletzt die »Tagebücher«;[29] außerdem liegen drei Biographien[30] und eine große Monogra-

---

28 Carlos Marighella, Minihandbuch des Stadtguerillero, in: Sozialistische Politik, hrsg. am Otto-Suhr-Institut, 2. Jg., Nr. 6/7, Juni 1970, S. 143–166; später textidentisch, aber unter veränderter Überschrift publiziert in: Márcio M. Alves/Conrad Detrez/Carlos Marighella, Zerschlagt die Wohlstandsinseln der Dritten Welt. Mit dem Handbuch der Guerilleros von São Paulo, hrsg. von Conrad Detrez, Reinbek 1971.

29 Rudi Dutschke, Jeder hat sein Leben ganz zu leben. Die Tagebücher 1963–1979, hrsg. von Gretchen Dutschke, Köln 2003.

30 Ulrich Chaussy, Die drei Leben des Rudi Dutschke. Eine Biographie, Darmstadt/Neuwied 1983; Jürgen Miermei-

phie[31] vor. Zum Teil noch unerschlossen sind dagegen die handschriftlichen Notizen, die sich in seinem, im Archiv des Hamburger Instituts für Sozialforschung aufbewahrten Nachlaß befinden. Die Vermutung, daß sich darunter Aufzeichnungen befinden, die im weitesten Sinne mit Konzeptionen des bewaffneten Kampfes zu tun haben, läßt sich bestätigen.

Bei der Sichtung dieser Dokumente sticht besonders hervor, wie sehr Dutschke sich darum bemüht hat, seine revolutionstheoretischen Vorstellungen zu klären.

»Die von Mao Tse-Tung auf der Grundlage von Marx, Lenin und Trotzki entwickelte, von Ho-Chi-Minh, Giap, Ché Guevara und F. Fanon weiterentwickelte Theorie d. ununterbrochenen Revolution kann begriffen werden als ein System der richtigen Übergänge für die Abschaffung des leidenden von der Vergangenheit verkrüppelten Menschen auf dem Wege zur Auflösung und Beseitigung der Herrschaft von Menschen über Menschen, für die Emanzipation der Menschheit und die Versöhnung von Mensch und Natur. Der langandauernde Weg der Völker der dritten Welt, der bisher in noch tiefer Einsamkeit durch das vietnamesische Volk getragen wird, scheint in diesen Monaten durch sich ständig verbreitende Aktionen der Guerillakämpfer in Bolivien endlich aufgebrochen zu werden. / Unser Verhältnis zur dritten Welt ist noch weitgehend gebrochen, wir verdrängen diese Herausforderung, die in wenigen Jahren die Auseinandersetzung und Verelendung des Industrieproletariats im 19. Jhrh. weit überholen wird; wollen

ster, Rudi Dutschke, Reinbek 1986; Gretchen Dutschke, Wir hatten ein barbarisches, schönes Leben, Köln 1996.
31 Michaela Karl, Rudi Dutschke. Revolutionär ohne Revolution, Frankfurt am Main 2003.

uns nicht darüber klar werden, daß allein die wirklich kritische Aufhellung unserer latenten Angst über die heraufkommende Explosion in Lateinamerika z.B. uns die Kraft gäbe, klar und bestimmt unsere politische Linie im internationalen Kontext herauszuarbeiten, Antworten auf unsere spezifische Situation zu finden. Seien wir uns darüber klar, die geschichtlich ›Zweite Front‹ für Vietnam ist nicht primär Bolivien, diese ist nicht zu vermeiden für den Imperialismus; die wirkliche 2. Front ist der aktive Kampf in den Metropolen, der Kampf der revolu. Jugend in Osteuropa und in der SU gegen die dort herrschenden Bürokraten und seine Vervollständigung durch unseren politischen Kampf gegen eine Ordnung, die sich mit der amerikanischen Machtelite solidarisiert, die Herrschaft über uns und die Völker in der 3. Welt aufrechtzuerhalten sucht.«[32]

Bemerkenswert ist dabei, wie er auch die »Zweite Welt« in sein revolutionäres Modell zu integrieren versucht.

Unter seinen handschriftlichen Notizen befinden sich auch einige Aufzeichnungen, die sich mit der Brandstiftung als einem politischen Instrument befassen. Unter dem Datum des 19. November 1967 schreibt er:

»Fritz-Aktionen:
    a) Brand des Wiener Justizpalastes 1926
    b) Flugblatt – [Parallelaktion; Parallelat]
    a. Aufruf zur Brandstiftung d. Berliner Justizpalastes – von den Prominenten unterschrieben [mir!!]
    b. 100 000 o. mehr Auflage i. d. ganzen Stadt verteilen [interna. Aufrufe]«

---

32 Rudi Dutschke, Notizen, Mappe 3, Blatt 8/9, 17. Juni 1967, K 21/48, Archiv des Hamburger Instituts für Sozialforschung.

Weitere Ausführungen fehlen. Der Zusammenhang wirkt zunächst kryptisch. Was es mit einer solchen »Fritz-Aktion« auf sich hat, stellt sich vier Tage später, am 23. November 1967, auf einer Veranstaltung heraus, auf der es um die Vorstellung der Broschüre »Enteignet Springer« geht. Dutschke ruft die Teilnehmer zu einer Demonstration vor dem Kriminalgericht Moabit auf. Kurz nachdem Kriminalobermeister Kurras, der Ohnesorg erschossen hat, freigesprochen worden ist, soll nun Fritz Teufel, weil er am 2. Juni angeblich mit Steinen geworfen habe, verurteilt werden. Die Empörung ist groß. Die Parole lautet: »Teufel raus« und »Kurras rein«. In dieser aufgeheizten Situation bringt Dutschke nun den schriftlich nur angedeuteten Vorschlag ein.

Ein Spitzel des Verfassungsschutzes protokolliert Dutschkes Ausführungen:

»1926 ist in Wien der Justizpalast in Brand gesteckt worden, als dort wie heute politische Terrorprozesse stattfanden. 5000 Demonstranten haben dann verhindert, daß die Feuerwehr den Brand löschen konnte. Also noch mal, das Beispiel nur zum Nachdenken. Ich fordere alle auf zu verhindern, daß Fritz Teufel verurteilt wird.«[33]

Als Dutschke von Zuhörern darum gebeten wird, seinen Aufruf genauer zu erläutern, schwächt er ihn zunächst ab, um ihn im nächsten Atemzug wieder auf dieselbe Ebene zu hieven:

---

33 Zitiert nach: Bernd Rabehl, Feindblick. Der SDS im Fadenkreuz des ›Kalten Krieges‹, Berlin 2000, S. 137 f. Rabehl zitiert aus den Aufzeichnungen eines Mitarbeiters des Berliner Landesamtes für Verfassungsschutz.

»Also, was ich meine, ist ein massenhaftes Go-In. Wenn Fritz Teufel verurteilt wird und ins Zuchthaus kommt, dann werden wir Aktionen durchführen, die jenseits des bestehenden Rechts liegen. Wir wollen nicht wie Häschen ins Gefängnis wandern.«[34]

In der Propagierung illegaler Aktionen gab es zu jener Zeit niemanden, der sich mit der von Dutschke an den Tag gelegten Entschlossenheit hätte messen lassen können.

Zusammenfassung

Obwohl es sich bei den hier herangezogenen Dokumenten und den rekapitulierten Episoden zweifelsohne um eine Art Puzzle dreht, läßt sich Dutschkes Verhältnis zum bewaffneten Kampf dennoch ziemlich genau bestimmen. Es sind ja keineswegs nur Zufallstreffer, die nicht mehr als eine relativierende Darlegung erlauben würden. Es handelt sich vielmehr um eine Fülle von theoretischen Bestimmungen und eine Menge an praktischen, wenn auch zumeist über lange Zeit verdeckt gebliebenen Ansätzen, die sich zusammenfügen lassen.

Dabei ist es wichtig, sich vor Augen zu führen, daß es bei diesem Klärungsversuch um Fragen geht, die sich in ganz unterschiedlichen Phasen abgespielt haben. Wenn man Chaussys Unterscheidung von den »Drei Leben des Rudi Dutschke« zu Hilfe nimmt, dann geht es hier vor allem um das zweite, die Zeit vor dem Attentat, genauer

---

34 Ebenda.

den Zeitraum, in dem Dutschke in der *Subversiven Aktion*, der *Anschlag*- und der *Viva-Maria*-Guppe sowie dem SDS war, und den Beginn des dritten. Es geht also in erster Linie um die Jahre von 1966 bis 1970. Dabei ist bemerkenswert, daß er in Reaktion auf die durch das Attentat am eigenen Körper erlebte Gewalterfahrung seine Einstellung zu Beginn seines – um in der Diktion Chaussys fortzufahren – »dritten Lebens« für kurze Zeit noch einmal radikalisiert.

Eine der stärksten Gewaltapologien, die er jemals formuliert hat, findet sich in seinem als »Pamphlet« bezeichneten Vorwort zur Publikation der Briefe, die ihn – lebensgefährlich verletzt – im Krankenhaus erreicht haben.[35] Darin erklärt er nicht nur die in Reaktion auf das Attentat erfolgten Angriffe auf die »Maschinerie des Springer-Monopols« zur »allein sinnvollen Richtung«, sondern versteigt sich zu der existentialistisch anmutenden Feststellung: »Der Mensch soll objektiv getötet werden: das ist der objektive und subjektive Wahnsinn der Gesellschaft.«[36] Und er zitiert zustimmend eine Passage Mao Tse-tungs, die sich später in mancher RAF-Schrift wiederfindet:

»Die Revolution ist kein Gastmahl, kein Aufsatzschreiben, kein Bildermalen oder Deckchensticken, sie kann nicht so fein, so gemächlich und zartfühlend sein, so maßvoll, gesittet, höflich zurückhaltend und großherzig durchgeführt werden.

---

35 Rudi Dutschke, Ein Pamphlet, Vorwort zu: Briefe an Rudi D., hrsg. von Stefan Reisner, Frankfurt am Main/West-Berlin 1968, S. I–XII.
36 Ebenda, S. V.

Die Revolution ist ein Aufstand, ein Gewaltakt, durch den ein Klasse die andere stürzt. (Mao Tse-tung)«[37]

Die Ideen des chinesischen Diktators haben in jener Zeit – ganz im Gegensatz zu dem in der Öffentlichkeit vorherrschenden Bild Dutschkes als einem Protagonisten der undogmatischen Linken – bei ihm einen ganz besonderen Rang eingenommen. In einem Text, in dem er zusammen mit Gaston Salvatore die Aktualität der Guevara-Parole »Schafft zwei, drei, viele Vietnam« zu begründen versucht, greift er ebenfalls an zentraler Stelle auf ein Mao-Diktum zurück.

»Dieser revolutionäre Krieg ist furchtbar«, räumen beide, sich auf den Kampf der Vietnamesen beziehend, zunächst ein, »aber furchtbarer würden die Leiden der Völker sein, wenn nicht durch den bewaffneten Kampf der Krieg überhaupt von den Menschen abgeschafft wird: ›Wir sind für die Abschaffung des Krieges, wir wollen den Krieg nicht, aber man kann den Krieg nur durch den Krieg abschaffen: wer das Gewehr nicht will, der muß zum Gewehr greifen‹ (Mao, 1938).«[38]

In eigentümlicher Dialektik wird der als »revolutionär« hypostasierte Krieg mit dem prinzipialistischen Ziel einer grundsätzlichen Abschaffung von Kriegen überhaupt gerechtfertigt. Bereits hier gibt sich in der Schale des Rebellen die Figur des Kriegers bzw. des Guerilleros zu erkennen.

---

37 Ebenda.
38 Gaston Salvatore/Rudi Dutschke, Einleitung zu: Che Guevara, Schaffen wir zwei, drei, viele Vietnam, eingeleitet und übersetzt von Gaston Salvatore und Rudi Dutschke, Kleine Revolutionäre Bibliothek, Bd. 1, West-Berlin 1967, S. 3.

II. Der Protagonist der Guerilla als Gegner des Terrorismus

1. Gewalt ist dem System zwar inhärent, in den Metropolen aber kaum sichtbar

Aus Dutschkes Sicht produziert das kapitalistische System die Gewalt. Sie ist für ihn zugleich ein Resultat des autoritären Staates, dem eine faschistische Tendenz innewohne. Das Problem, sich gegen die ausgeübte Gewalt angemessen zur Wehr zu setzen, besteht für ihn darin, daß sie kaum offen zutage tritt. Der Gewaltzusammenhang, der in den Ländern der Dritten Welt überall spürbar sei, bleibe in den hochindustrialisierten Ländern der Ersten Welt dagegen zumeist latent. Dennoch manifestiere er sich nicht etwa nur in Politik und Justiz, sondern im gesamten System gesellschaftlicher Institutionen.

Die Hauptaufgabe von Oppositionellen sieht er deshalb darin, die latente Gewalt sichtbar, durch »direkte Aktionen« erfahrbar zu machen. Im Anschluß an die Demonstration gegen den Vietnamkrieg am 21. Oktober 1967 macht er sich Notizen zu einer Art Manöverkritik. Nach einer detaillierten Auflistung aller Mängel, die er während dieser »Kampfdemonstrationen« zur »Durchbrechung der etablierten Spielregeln« hat feststellen können, kommt er zu der Schlußfolgerung:

»Die Durchbrechung der Spielregeln der herrschenden kap. Ordnung führt nur dann zur manifesten Entlarvung des Systems als ›Diktatur der Gewalt‹, wenn wir zentrale Nervenpunkte des Systems in mannigfaltiger Form (von gewaltlosen offenen Demonstrationen bis zu konspirativen Aktionsformen) angreifen (Parlament, Steuerämter, Gerichtsgebäude, Manipulationszentren wie Springer-Hochhaus o. SFB, Amerika-Haus, Botschaften der unterdrückten Nationen, Armeezentren, Polizeistationen u.a.m.).«[39]

Und ganz ähnlich schreibt er in einem seiner bekanntesten, im Mai 1968 in dem Rowohlt-Aktuell-Bändchen »Rebellion der Studenten« erstmals veröffentlichten Aufsätze: Es komme darauf an,

»durch systematische, kontrollierte und limitierte Konfrontation der Staatsgewalt und dem Imperialismus in West-Berlin die repräsentative ›Demokratie‹ zu zwingen, offen ihren Klassencharakter, ihren Herrschaftscharakter zu zeigen, sie zu zwingen, sich als ›Diktatur der Gewalt‹ zu entlarven!«[40]

Diese Sichtbarmachung hat Dutschke allen Ernstes als »Aufklärung«, als »Aufklärung durch Aktion«, verstanden wissen wollen.

2. Revolutionäre Gewalt ist Gegengewalt, die der Abschaffung von Gewaltverhältnissen insgesamt dienen soll

Da sich Dutschke als Revolutionär begreift, geht es ihm nicht um Reformen, mit denen aus seiner Sicht nur

---

39 Rudi Dutschke, Kritik und Selbstkritik auf der Grundlage der Demonstration vom 21. 10. 67, handschriftliche Notiz, Blatt 7, Archiv des Hamburger Instituts für Sozialforschung.

40 Rudi Dutschke, Die Widersprüche des Spätkapitalismus, die antiautoritären Studenten und ihr Verhältnis zur Dritten Welt, in: Uwe Bergmann/Rudi Dutschke/Wolfgang Lefèvre/Bernd Rabehl, Rebellion der Studenten oder Die neue Opposition, Reinbek 1968, S. 82.

das Ziel verfolgt werden kann, die bestehende Herrschaft weiter zu perfektionieren, sondern um den Sturz der Klassengesellschaft als solcher. Der Einsatz gewaltsamer Mittel legitimiert sich allein durch die Orientierung an der Abschaffung von Gewaltverhältnissen insgesamt. Revolutionäre Gewalt versteht er immer als Gegengewalt. Sie ist eine Reaktion auf eine bereits vorgefundene. »Unsere Alternative zu der *herrschenden Gewalt*«, heißt es an einer Stelle seiner bereits erwähnten Einleitung zu den »Briefen an Rudi D.«, »ist die sich steigernde *Gegengewalt*. Oder sollen wir uns weiterhin ununterbrochen kaputtmachen lassen? Nein, die Unterdrückten in den *unterentwickelt gehaltenen* Ländern Asiens, Lateinamerikas und Afrikas haben bereits mit ihrem Kampf begonnen.«[41] Dabei bestehe die Kunst des Revolutionärs jedoch gerade darin, nicht einfach reaktiv zu handeln, sondern die Auseinandersetzung nur an einem Ort und zu einem Zeitpunkt herbeizuführen, wo sich der Gegner als besonders schwach erweist.

3. Offensivtheorie und Eskalationsstrategie

Mit dem Latenzcharakter der Gewalt in den sogenannten Metropolen und ihrer mangelnden Erfahrbarkeit hängt es zusammen, daß Dutschke ständig auf der Suche nach Aktionsformen ist, die die Verpanzerung der Verhältnisse aufreißen und ihren gewaltsamen Kern freilegen können. Das Schlagwort, von dem er am häufigsten Gebrauch

---

41 Rudi Dutschke, Ein Pamphlet, S. V.

macht, lautet deshalb »direkte Aktion«. Ihm kommt es darauf an, durch möglichst genau geplante Einzel- oder Gruppenaktionen solche Nervpunkte zu treffen, durch die im Gegenzug das Gewaltpotential der Polizei und damit das des autoritären Staates herausgekitzelt wird. Er schreibt deshalb häufig von einer »Offensivtheorie« und einer »Eskalationsstrategie«. Die Universität, an deren Veränderung durch Strukturreformen er augenscheinlich kein Interesse hat, ist ihm nicht mehr und nicht weniger als eine Ausgangsstation. Sie figuriert in seinen Augen als »das schwächste Glied« im herrschenden System. Von ihr aus versucht er operative Basen aufzubauen, die es ihm ermöglichen, die Eskalation der Gewalt weiter voranzutreiben. Am Horizont steht der bewaffnete Aufstand. So macht er sich etwa unter dem Stichwort »Demonstrationsvorbereitungen« Notizen, die eher zu einem Untergrundkämpfer als zu einem Demonstranten zu passen scheinen:

»3. Nachschlüssel für die Unigebäude
 4. Megaphone u. Walkie Talkies
 5. Untergrundeinheiten (f. d. T-Gruppen)
 6. Sichere Wohnungen
 7. ›Spezial-Waffen‹
 8. Gelder
 9. Kader d. verschie. Org.ebenen
10. Koordination mit anderen poli. Organisationen
11. ›schnelle‹ Autos [mit auswechselbaren Nummern]«[42]

---

42 Rudi Dutschke, Notizen, Mappe 5, undatiert, Blatt 1, K 21/48, Archiv des Hamburger Instituts für Sozialforschung.

In dieselbe Richtung weisen auch militärstrategische Konzepte, die Dutschke im Sommer und Herbst 1967 von dem Altkommunisten Konrad Born, zumeist unter dem Decknamen »Dr. Mabuse«, vorgelegt werden. Seitenweise geht es darin um Konzepte für den bewaffneten Aufstand. Es sind vor allem technische und organisationstheoretische Vorschläge, die ihm unterbreitet werden. Dabei geht es nicht zuletzt um die Einübung von Formen der Konspiration und Klandestinität. Dutschke wird angeraten, sich eine zweite Identität aufzubauen. Mit seinen engsten Vertrauten solle er nur noch mit Decknamen und in einer Geheimsprache verkehren. Erst als Dutschke erfährt, daß der Altgenosse enge Kontakte zu der von ihm verhaßten SED unterhält, verzichtet er offenbar darauf, sich von ihm weiter Anleitungen zum Straßenkampf unterbreiten zu lassen. Gleichwohl zählt Born auch Mitte der siebziger Jahre immer noch zu jenen wenigen Altkommunisten, für die Dutschke ein besonderes Maß an Respekt und Hochachtung, zuweilen Verehrung, empfindet.

4. Die Unterscheidung zwischen Gewalt in der Ersten und Gewalt in der Dritten Welt

Dutschke denkt von Anfang an in globalen Kategorien. Für ihn ist nicht allein das eigene Land, sondern die »Welt« als Totalitätszusammenhang maßgeblich. So verschiedenartige politische Gebilde wie lateinamerikanische Militärdiktaturen und westeuropäische Demokratien sind ihm nur unterschiedliche Erscheinungsformen ein und desselben imperialistischen Systems. Von herausragender Bedeutung ist dabei für ihn die nach dem Ende des Zweiten Weltkriegs einsetzende Politik der Entkolonialisierung, die insbesondere zahlreichen afrikanischen Ländern die nationale Unabhängigkeit bescherte. Dieser aufsehenerregende Prozeß wurde von ihm zugleich als eine fortschreitende Destabilisierung des Imperialismus wahrgenommen.

Dennoch ist für ihn die Unterscheidung zwischen der »Ersten« und der »Dritten Welt« politisch zentral. Gerade weil er so stark an der Frage einer aussichtsreichen Intervention interessiert ist, hält er beide Sphären strikt auseinander. Da die Gewaltverhältnisse in den verbliebenen afrikanischen Kolonien und den meisten lateinamerikanischen Staaten so offenkundig sind, scheinen sie ihm auch eine direktere Form der gewaltsamen, ja der militärischen Auseinandersetzung zu erlauben. Dort scheint ihm der Guerillakampf nicht nur möglich, sondern geradezu notwendig zu sein. Und in verschiedenen Erklärungen hält er nicht damit hinter dem Berg, daß er in diesen Teilen der Welt keine Hemmungen hätte, ebenfalls zur Waffe zu greifen und sich einer der dortigen Guerillabewegungen anzuschließen.

So zum Beispiel in einer der Diskussionen während Marcuses Vorträgen über »Das Ende der Utopie« im Juli 1967. Dutschke geht darin soweit, den »prinzipiellen Pazifismus« als konterrevolutionär abzuqualifizieren, weil er sich angeblich gegen die vom Unterdrückungsapparat des jeweiligen Regimes verursachten Opfer stelle. Dagegen setzt er eine Apologie des bewaffneten Kampfes:

»Die volle Identifikation mit der Notwendigkeit des revolutionären Terrorismus und der revolutionären Kampfes in der Dritten Welt ist unerläßliche Bedingung für den Befreiungskampf der kämpfenden Völker und die Entwicklung der Formen des Widerstands bei uns [...]«[43]

Unter revolutionären Vorzeichen taucht das so brisante Stichwort Terrorismus plötzlich in einer positiven Konnotation auf – als von ihm eingeforderte Notwendigkeit für den Befreiungskampf in der Dritten Welt ebenso wie den Widerstandskampf in den sogenannten Metropolen.

5. Unterscheidung zwischen Gewalt gegen Sachen und Gewalt gegen Personen

Die ebenso häufig zitierte und kaum weniger häufig wegen ihrer Unhaltbarkeit kritisierte Unterscheidung zwischen »Gewalt gegen Sachen« und »Gewalt gegen Personen« ist für Dutschke zweifelsohne maßgeblich gewesen. In einem kurz vor dem Attentat mit ihm geführten Interview erklärt er etwa:

»Wir kennen nur einen Terror – das ist der Terror gegen unmenschliche Maschinerien. Die Rotationsmaschinerie von Springer in die Luft zu jagen und dabei keine Menschen zu vernichten, das scheint mir eine emanzipierende Tat.«[44]

---

43 Beitrag Rudi Dutschkes im Rahmen der Podiumsdiskussion »Vietnam – Die Dritte Welt und die Opposition in den Metropolen«, in: Herbert Marcuse, Das Ende der Utopie. Vorträge und Diskussionen in Berlin 1967, Frankfurt am Main 1980, S. 151.
44 So Dutschke in dem von Wolfgang Venohr gedrehten und am 19. April 1968 im WDR ausgestrahlten Film »Portrait Rudi Dutschke«.

Hinfällig wird diese Unterscheidung jedoch, wenn es etwa um die Frage geht, ob ein Diktator oder Tyrann aus einem Land der Dritten Welt nicht doch lieber bei passender Gelegenheit – wie etwa einem Staatsbesuch – ins Jenseits befördern werden sollte. So kritisiert er beispielsweise die Tatsache, daß ein Gewaltherrscher wie der Schah von Persien seinen Besuch in der Bundesrepublik völlig unbeschadet hätte überstehen können:

»Wir kämpfen in den Metropolen, nicht gegen einzelne Charaktermasken dadurch, daß wir sie erschießen; es wäre meiner Meinung nach konterrevolutionär. Das System wird sich sicherlich so etwas mal wünschen, um uns härter, für Jahre, vollständig niederschlagen zu können. Daß allerdings die revolutionären Kräfte der Metropolen die einzigartige Chance der Erschießung des persischen ›Herrschers‹, als er uns und andere besuchte, nicht ausnutzten, ist ein Zeichen für die *Niveau-Losigkeit* unseres bisherigen Kampfes. Ein ganzes Volk hätte sich nicht nur gefreut, sondern der revolutionäre Kampf gegen Armee und Führungscliquen hätten sich wesentlich verschärft.«[45]

Sosehr er einerseits Attentate und Formen individuellen Terrors verdammt, so sehr insistiert er andererseits darauf, daß der Tyrannenmord in einem solchen Fall zu den von ihm favorisierten Optionen zu zählen ist.

---

45 Rudi Dutschke, Notizen, Mappe 4, undatiert, K 21/48, Archiv des Hamburger Instituts für Sozialforschung.

6. Dutschke als Begründer der Stadtguerilla in Deutschland

Eines ist unbestreitbar: Der Begriff »Stadtguerilla« ist im deutschen Sprachraum erstmals von Dutschke verwendet worden – zu einer Zeit, als er erst ein Jahr lang SDS-Mitglied war. Mit seiner Adaption von Che Guevaras Focus-Theorie, die er im Anschluß an die illegale Plakataktion »Amis raus aus Vietnam« propagierte, zielte er, wie seine im Nachlaß aufgefundenen Notizen belegen, bereits im Februar 1966 auf den Aufbau einer städtischen Guerilla. Öffentliche Verwendung fand der Begriff anderthalb Jahre später auf jener SDS-Delegiertenkonferenz in Frankfurt, auf der sich der antiautoritäre Flügel erstmals durchzusetzen vermochte. Zusammen mit Hans-Jürgen Krahl hatte Dutschke das sogenannte »Organisationsreferat« verfaßt, in dem die SDS-Mitglieder im September 1967 dazu aufgerufen wurden, sich künftig als »Sabotage- und Verweigerungsguerilla« zu formieren. Die Vorstellung, eine »rurale Guerilla« in der Dritten Welt durch eine »urbane Guerilla« in den »Metropolen« zu ergänzen, gründete nachweislich in der Focus-Theorie Che Guevaras ebenso wie in einigen Grundgedanken aus Carl Schmitts »Theorie des Partisanen«.

7. Dutschke war kein Befürworter der RAF und ein Gegner des Terrorismus

Trotz aller Beziehungen, die er zu jenen inhaftierten RAF-Mitgliedern pflegte, die er wie etwa Jan-Carl Raspe aus der Zeit vor dem Attentat kannte, war Dutschke ein politischer Gegner der RAF. Er sah in ihr im Grunde eine jener Sekten, die nach dem Niedergang der APO und des SDS so zahlreich entstanden waren und unter leninistischen, stalinistischen und maoistischen Vorzeichen das Land überschwemmten.

Seine Witwe hat darauf verzichtet, eine besonders aussagekräftige Begebenheit in die von ihr verfaßte Dutschke-Biographie aufzunehmen. Wie sie zumindest mündlich zu berichten weiß, soll Ulrike Meinhof vom Untergrund aus noch den Versuch unternommen haben, Dutschke in die RAF hineinzuziehen. Der habe diesen Anwerbeversuch, so glaubt Gretchen Klotz-Dutschke sich erinnern zu können, deshalb mit besonderer Entrüstung zurückgewiesen, weil Meinhof argumentierte, da sie zwei Töchter aufgegeben habe, könne er auch seine beiden eigenen Kinder der Mutter hinterlassen und sich ganz dem bewaffneten Kampf widmen.

Wenige Tage nach der Entführung Hanns Martin Schleyers schreibt Dutschke in der *Zeit*:

»Wenn verzweifelte oder beauftragte Desperados schreiben: ›Schafft viele revolutionäre Zellen! Schafft viele Bubacks‹, so kann ein Sozialist nur sagen: Höher kann die Zerstörung der kritisch-materialistischen Vernunft nicht mehr gehen.«[46]

In einem Interview wird er noch ungehaltener und erklärt: »Terrorismus ist reiner Mord; er ist gegen die sozialistische Ethik.«[47] Und auf einer Tagung der sozialdemokratischen Zeitschrift *L 76*: »Diese individuellen Terro-

---

46 Rudi Dutschke, Kritik am Terror muß klarer werden, Die Zeit vom 16. September 1977, 32. Jg., Nr. 39, S. 41.
47 »Terrorismus ist entgegen der sozialistischen Ethik« – Interview mit Rudi Dutschke, Nachlaß im Archiv des Hamburger Instituts für Sozialforschung.

risten ... denken nicht an soziale Emanzipation, die denken nicht an eine Befreiung des Volkes. Sie wollen töten.«[48]

Aus solchen und ähnlichen Verurteilungen spricht unverkennbar ein hohes Maß an Empörung. Dutschke litt darunter, wie außerordentlich schwierig es in den siebziger Jahren in der Bundesrepublik geworden war, sich als Linker zu behaupten, ohne gleich mit der RAF in einen Topf geworfen zu werden.

Bemerkenswert ist in diesem Zusammenhang auch, wie stark er sich in seiner Haltung Israel gegenüber von denjenigen SDS-Mitgliedern unterschieden hat, die nach dem Sechs-Tage-Krieg keinerlei Skrupel hatten, ihre pro-israelische Position über Bord zu werfen und sich auf die Seite der Palästinenser zu stellen.

In einer Aufzeichnung, die er für eine Ansprache zum Sechs-Tage-Krieg im Juni 1967 gemacht hat, heißt es:

»Die Gründung des Staates Israel war die poli. Emanzipation des Judentums, die unbedingt erhalten bleiben muß. Die Beseitigung des eigenen israeli. Herrschaftssystems, das die sozialemanzipatori. Kibbuztendenz verloren hat, das als vorgeschobener Posten der amerikani. u. engli. Herrschaftsinteressen fungiert, und die Verbrüderung mit den arabischen Massen wäre die menschliche Emanzipation. Um dieses Ziel erreichen zu können, muß die Existenz des Staates Israel unter allen Umständen aufrechterhalten werden. / Der arabische Großmachtchauvinismus, der mit einer halben Agrarreform an die Macht kam, ist das Pendant des israelischen Imperialismus.«[49]

---

48 L 76, 3. Jg., Nr. 7, 1978, S. 105.
49 Rudi Dutschke, Notizen, Mappe 2, Blatt 1/2, 7. Juni 1967, K 21/48, Archiv des Hamburger Instituts für Sozialforschung.

Unverkennbar ist jedenfalls, daß er auf einer Art Äquidistanz gegenüber Israel und den arabischen Staaten zu insistieren versucht und die Existenz des Staates Israel für ihn in keiner Weise zur Disposition steht.

8. Die Stadtguerilla stammt nicht von der Peripherie, sondern aus dem Zentrum der antiautoritären Bewegung

Von keinem Geringeren als Ralf Dahrendorf, der sich im Januar 1968 am Rande des damaligen FDP-Parteitags einen vielbeachteten Wortwechsel mit Dutschke geliefert hat, stammt die Feststellung, es käme darauf an, möglichst scharf zwischen der 68er-Bewegung auf der einen und den durch die RAF geprägten Gruppierungen auf der anderen Seite zu unterscheiden.[50] So wichtig diese Differenzierung auch sein mag, so irreführend ist die Schlußfolgerung, die manche daraus gezogen haben, indem sie meinten, die bewaffneten Gruppierungen stammten eher von der Peripherie her und ihre Entste-

---

50 Dahrendorf verstieg sich zu der Behauptung: »Man muß sehr unterscheiden zwischen Dutschke auf der einen und Fischer und der ›Putzgruppe‹ auf der anderen Seite. Dutschke lief rum mit seinen endlosen, von ihm verfaßten Texten, die eigentlich ganz langweilig waren, aber die zeigen wollten, was eine alternative Theorie sei. Dutschke und Gewalt ist für mich nicht vorstellbar, darum war es auch so ein ungeheurer Schock, als er attackiert wurde.« Argumente von '68 können Militanz nicht verteidigen. Gespräch mit Lord Dahrendorf, Die Welt vom 18. Januar 2001.

hung würde im Rückblick insofern nur wenig über das politische Selbstverständnis der antiautoritären Bewegung aussagen. Eher das Gegenteil ist zutreffend.

Allein das Beispiel Dutschkes zeigt, wie nahe er dem Projekt des bewaffneten Kampfes bereits vor 1968 gekommen war. Und er ist mit seiner Adaption von Guevaras Focus-Theorie und Überlegungen zum Aufbau einer städtischen Guerilla keineswegs allein gewesen.

Während Dutschke vor allem Theoretiker der Stadtguerilla war, so ist im Unterschied zu ihm Dieter Kunzelmann der erste gewesen, der mit einem solchen Konzept auch praktisch Ernst gemacht hat. Er begründete im Herbst 1969 mit den *Tupamaros West-Berlin* die erste Gruppierung, die bereits ein halbes Jahr vor Entstehung der RAF in den Untergrund gegangen ist. Dutschke und Kunzelmann stammten beide bekanntlich aus ein und derselben Gruppierung, der kaum mehr als zwei Dutzend Mitglieder zählenden *Subversiven Aktion*.

Wer also die Wurzeln des bewaffneten Kampfes weiter zurückverfolgen will, der kommt nicht umhin, einer Spur nachzugehen, die in jene avantgardistische Gruppierung führt, die aus dem Traditionsstrom der europäischen Post-Avantgarde, genauer dem Situationismus, hervorgegangen ist. Bei allen Anstrengungen, die bislang unternommen worden sind, um die Entstehung der RAF zu ergründen, ist jedenfalls die Tatsache, daß Theorie und Praxis der Stadtguerilla in Deutschland zunächst einmal auf Dutschke und Kunzelmann und damit auf zwei Protagonisten der *Subversiven Aktion* und die vielleicht wichtigsten Akteure der 68er-Bewegung, soweit sie sich jedenfalls als Antiautoritäre begriffen, zurückzuführen sind, bisher sträflich vernachlässigt worden.

Karin Wieland

a.

1. Ein Bild des jungen Andreas Baader findet sich in einem Fotoband zusammen mit schwulen Aktfotos, Aufnahmen der Trümmerlandschaft Berlins und klassischer Modefotografie. Er ist in der Mitte des Bildes plaziert und schaut den Betrachter eindringlich und gleichzeitig gelangweilt an. Sein Oberkörper ist nackt, das Hemd liegt zusammengeknüllt neben ihm. Seine Brust ist behaart, er ist ein breitschultriger Mann und wirkt angenehm weich. Die Schlüsselbeine werfen zarte Schatten, er hat die Beine übereinandergeschlagen und die Arme gekreuzt. Seine Körperhaltung ist gelöst, sein Blick zwingend. Er hat einen sinnlichen Mund, dunkle Augen, und seine schwarzen Haare sind wie die eines vornehmen Römers geschnitten und leicht zerzaust. Er macht einen lebensmüden, erfahrenen und verführerischen Eindruck.

Das Bild wurde 1963 von Herbert Tobias aufgenommen, da war Baader zwanzig Jahre alt. Tobias, ehemaliger Weltkriegssoldat und Modefotograf, hatte eine Vorliebe für Zwitterwesen. Außer Andreas Baader fotografierte er Klaus Kinski und Zarah Leander.

Baader war von München nach Berlin gekommen. Er war Halbwaise, seinen Vater hat er nie gekannt. Er wußte von ihm nur von den Bildern und aus den Erzählungen der Mutter. Philipp Berndt Baader – ein Jahr vor Ausbruch des Ersten Weltkriegs geboren – ging im letzten Jahr des Zweiten Weltkriegs irgendwo an der Oder verloren. Baader war Historiker, der auf seinem letzten Urlaub von der Front seine Promotion zur Drucklegung vorbereitet und einen Sohn gezeugt hatte. Andreas Baader gehört zur »Gerümpel-Generation«, die »hastig zusammengefickt« worden war, wie der drei Jahre ältere Rolf Dieter Brinkmann geschrieben hat. Andreas Baader verdankte dem Krieg sein Leben. Der Vater, der nicht aus dem Krieg zurückgekommen war, hatte seine Rolle nicht zu Ende gespielt. Er gehörte weder der geschlagenen deutschen Armee an noch konnte man ihn für das Vergangene zur Verantwortung ziehen. Der Vater konnte weiterleben als promovierter Historiker, der ein Kriegsgefangener der Roten Armee war. Für den Sohn wurde er zu einer rein fiktiven Identifikationsfigur, die in der Realität nicht vorkam. Allein in seiner Phantasie konnte er ihn bekämpfen oder ihm nacheifern. Man kann sich die gespenstische Situation vorstellen, wie die Mutter samt Sohn Tag für Tag auf Nachricht von dem verschollenen Mann wartete. Der Friede war sicher, während bei ihnen in der Schwabinger Wohnung noch immer Krieg herrschte. Der Vater störte die Mutter-Sohn-Allianz nicht, denn bei Baaders stand nie einer »draußen vor der Tür«. Die tiefe Verbundenheit Anneliese Baaders mit ihrem Hinterbliebenenschicksal wird deutlich, wenn man weiß, daß sie bis weit in die fünfziger Jahre hinein ehrenamtlich für den Verband der Kriegsbeschädigten, Kriegshinterbliebenen und Sozialrentner arbeitete. Als der Vater schließlich für tot erklärt wird, ist der Sohn zwölf Jahre alt. Zu diesem Zeitpunkt haben bereits sämtliche Autoritäten den Kampf gegen ihn verloren.

Andreas Baader war ein hübscher Junge, der im Kreis von fünf Witwen aufwuchs. Sie verwöhnten ihn, keine von ihnen band sich je wieder an einen Mann. Seine Mutter brachte ihn als Sekretärin durch, er war viel allein. »Trümmer, zerrissene Häuser, Betonbrocken, Brandphosphorbomben und blaue Narben am Körper des Spielkameraden […] das ist es, was sich als erste Lebenskulisse ergab, unter dem nicht näher faßbaren Druck und der Bedrohung der Vernichtung – das ist unsere Generation, eine Gerümpel-Generation.«[1] Bereits beim ersten Kontakt mit der Realität, nämlich in der Schule, versagte er. Der geliebte Junge war gewalttätig, kriminell und von nervöser Sentimentalität. Die Schule als Instanz der Verdurchschnittlichung empfand das verwöhnte Kind als Zumutung. Es reagierte darauf mit Aggression und Ungehorsam. Baader galt als begabt, weigerte sich jedoch, diese Begabung unter Beweis zu stellen. Er lebte von seinem Vorschuß, prügelte sich und flog von allen Schulen. Früh schon lernt er die anderen als diejenigen darzustellen, die an ihm scheitern. Schließlich zahlt seine Mutter ihm eine Privatschule, was er durchaus nicht zu schätzen weiß. Er erscheint nur sporadisch zum Unterricht, klaut lieber Autos oder Motorräder. Seine Paraderolle ist die des Rebellen, der sich nimmt, was er braucht. Andreas Baader verläßt die Schule mit der Mittleren Reife und ist damit weit unter den Erwartungen geblieben.

Seinem Grandiositätsgefühl, das durch nichts Bestätigung erfuhr, entsprach es, daß er sich nun als Künstler ausgab. Er zeichnete und töpferte, las ein paar Seiten

---

1 Rolf Dieter Brinkmann, Rom, Blicke, Reinbek 1979, S. 356.

Sartre und war beständig auf der Suche nach Ablenkung von sich selbst. Es war nur eine Frage der Zeit, bis er Geschmack daran fand, die Regeln so zu verletzen, daß daraus ein Eintrag ins Strafregister wurde. Seine Delikte waren jedoch immer so angelegt, daß ihm seine Mutter dafür nicht richtig böse sein konnte. Bevorzugt knackte er Autos und raste ohne Führerschein durch die Nacht. Symptomatisch für seine kindische Einstellung gegenüber Autoritäten ist seine hartnäckige Weigerung, den Führerschein zu machen. Mehrmals wurde er deshalb angezeigt und verurteilt. Selbst als Untergrundboß handelt er gegen alle Vernunft, wenn er es riskiert, wegen solch einer Bagatelle von der Polizei erwischt zu werden. Seine Mutter glaubt noch immer an seine verborgenen Talente und nimmt es ihm ab, sein Leiden an der Welt. Doch ihm schwante, daß dies nicht bei allen so war, und er verlegt sich darauf, Geschichten über sich zu erfinden. Nachdem sich Schuldirektoren und Lehrer die Zähne an ihm ausgebissen haben, sucht Baader ein neues Publikum. Er findet es in der Welt des Vergnügens und der Verschwendung. Baader taucht ab in die Nacht. Unter den Gestalten der Nacht interessiert es eh am nächsten Tag keinen mehr, ob alles wahr war, was da behauptet wurde. Was zählt, ist der momentane Auftritt und die gelungene Selbstinszenierung. Baader lernt schnell, sein Publikum zu begeistern. Man hört ihm zu, denn er sieht gut aus. Man war gern bereit, ihn für ein paar Stunden ernst zu nehmen, denn ihn umgab ein Geheimnis. Scheinbar mühelos gelingt es ihm, die anderen zu täuschen und noch immer an sich zu glauben. Seine Münchener Zeit nützt er, um seine emotionale Intelligenz zu schärfen. Baader erkennt sofort die Schwächen seines

Gegenübers, die er schamlos auszunutzen bereit ist. Dann haut er ab nach Berlin. Seiner Mutter und seinen Tanten tischt er die Geschichte auf, daß er dort seine künstlerische Ausbildung fortführen werde. Daran ist jedoch kein Denken. Andreas Baader will einfach ausprobieren, wie weit er kommt. Er befindet sich auf der Suche nach Vergnügen und Bedeutung.

2. Er kommt in eine »geschundene Stadt« (Wolf Jobst Siedler), die einen wohl einzigartigen Bedeutungsverlust hatte hinnehmen müssen. Berlin hatte in den fünfziger Jahren noch als »gefährlichster Ort der Welt« gegolten, und die Amerikaner mußten damals ernsthaft darüber nachdenken, ob sie der geteilten Stadt wegen einen Krieg mit den Sowjets riskieren sollten. Der Bau der Mauer im August 1961 hatte das Klima des Kalten Krieges merklich abgekühlt; Berlin galt nicht mehr als »Zündschnur« eines dritten Weltkriegs, sondern war zum politischen Hinterland herabgesunken. Geblieben war seine hohe symbolische Bedeutung als Bollwerk des freien Westens inmitten des kommunistischen Ostens. Die Stadt war ein guter Ort für Spionage, wäre jedoch im Falle eines Angriffs nicht zu verteidigen gewesen. Während in den westdeutschen Städten die Spuren der Geschichte rasch beseitigt wurden und sich eine gewisse gleichförmige Verschönerung breitmachte, trug Berlin stellvertretend ihre Kriegsnarben zur Schau. Als Wahrzeichen der Stadt gelten die Überreste einer zerschossenen Kirche, hier findet man noch Einschußlöcher in den Häusern und gerät in Straßen, die im Nirgendwo enden. Weder Industrie noch Kultur gediehen in dieser von der Außenwelt abgeschnittenen Stadt. Hier war kein Ort für Karrieren oder Eliten;

Berlin dämmerte vor sich hin in »subventionierter Agonie« (Ingeborg Bachmann). Die jungen Facharbeiter wanderten ab, es blieben die Nazibeamtenwitwen, die im Café Kranzler saßen, »die Filztöpfe fest über die Augen gezogen, sie kauen und greifen zu, seit damals«.[2] Der Besuch des amerikanischen Präsidenten John F. Kennedy im Sommer 1963 hatte Hoffnung gebracht, doch Kennedy, der Symbolberliner, war fünf Monate später ermordet worden. Damit war auch für Berlin die Epoche von »poetry and power« (Robert Frost) endgültig vorüber. Für all das interessierte sich Baader nicht. Man darf annehmen, daß er Berlin attraktiv fand, weil es hier weder die Wehrpflicht noch die Sperrstunde gab. Wenn man sich nicht dumm anstellte, konnte man sich durch die vielfältigen Berlin-Beihilfen ein Zubrot verdienen. Baader lebte von seiner Halbwaisenrente, versuchte sich als Bauarbeiter und Boulevardjournalist – in beiden Fällen ohne Erfolg. Also verlegte er sich wieder darauf, Geschichten zu erzählen, seine Wirkung zu genießen. Das am einfachsten zu bezaubernde Publikum für einen jungen, schönen Mann sind die alternden Schwulen, und genau das wußte auch Baader. Seinen Hang zu Travestie und Applaus lebte er nachts in den einschlägigen Bars und Clubs aus. Bei diesen Selbstinszenierungen mit Wimperntusche riskierte er nicht viel, er wußte die Gaffer auf seiner Seite. Es ist nicht bekannt, ob er sexuelle Beziehungen zu Männern unterhielt. Er umgab sich jedoch gerne mit dem Hauch der Homoerotik, dabei fühlte er sich als richtiger Mann, der die pure Lust und den direkten Sex

---

2 Ingeborg Bachmann, Ein Ort für Zufälle, Berlin 1965, S. 47.

mit Männern gegenüber den Zärtlichkeiten der Frauen bevorzugt.

Dann ging er schließlich auf Sicherheit: Er wurde der Liebhaber einer verheirateten Frau. Natürlich war sie nicht Sekretärin, sondern Künstlerin. Sie lebte mit ihrem Mann, der ebenfalls Künstler war, in einer großen Wohnung in Schöneberg. Kurz nachdem sie sich kennengelernt hatten, zog Baader bei dem Paar ein. Das Arrangement war nach seinem Geschmack: Die Frau sah gut aus, gab vor, berühmt zu sein, und lag ihm zu Füßen. Sie nähte ihm seine Hosen enger, bügelte seine Hemden und zahlte seinen Unterhalt. Der Mann störte nicht weiter, und Baader hatte nach zwei Jahren einen Ort in Berlin gefunden, von dem aus er agieren konnte. Das Künstlerpaar unterhielt eine Art Salon, den Baader zu seiner Probebühne machte. Der »Prinz der Jugend« (Maurice Barrès) ließ sich bewundern, erzählte geheimnisvolle Geschichten über seine Herkunft und liebte Männer wie Frauen ohne Interesse. Er war ganz auf sich selbst fixiert und darauf bedacht, seine Macht an anderen zu erproben. Baader liebte es, das Salonpublikum mit obszönen Geschichten zu provozieren, er wollte beweisen, daß er verruchter war als diese selbsternannte Boheme. Andreas Baader lebte ein regelloses, stark vom Zufall abhängiges Leben. Das Vergnügen hatte er gefunden, an Bedeutung fehlte es ihm noch.

3. Da kam Bewegung in die Stadt. Zu extremer Überalterung und hoher Selbstmordrate gesellte sich Mitte der sechziger Jahre in West-Berlin eine ausgeprägte Protestbewegung junger Studenten. Baader bekam davon zunächst kaum etwas mit. Seine Tage verbrachte er zumeist

gelangweilt und latent aggressiv in der Wohnung. Seine Launen ließ er an der Geliebten aus, die sich nicht recht dagegen zu wehren wußte. Die Nacht war seine Zeit, er traf seine Bewunderer und galt als begehrt. Das Leben bei dem Ehepaar war bequem, aber bald auch langweilig. Das Geld reichte nicht für ein richtig gutes Leben, und dann wurde er auch noch Vater. Seine Tochter bekam den reichlich unrevolutionären Vornamen Suse und sollte in seinem Leben keine wichtige Rolle spielen. Die Realität war für ihn nicht von weiterem Belang. Weder Kind noch Frau oder Arbeit. Ihm kam eine Bewegung gelegen, die alles ändern wollte und der zudem große öffentliche Aufmerksamkeit zukam. Studenten gehörten eigentlich nicht zu den Leuten, mit denen Baader sich umgab. Von Bildung und Geist hielt er sich fern, doch gerade darum ging es erfreulicherweise auch nicht. Die Rebellierenden reklamierten geschichtliche Bedeutung für ihr Vorhaben, das Selbst war der Ausgangspunkt ihrer Forderungen. Die von der Gesellschaft angebotenen sozialen Positionen verwarfen sie, dem abweichenden und schöpferischen Bewußtsein galt ihre ganze Aufmerksamkeit. Die Schlußfolgerungen aus einer wilden Mischung von Theorien und Gefühlen war immer die gleiche: Die Gesellschaft traf die Schuld am Unwohlsein des aufruhrbereiten Subjekts. Baaders Intuition sagte ihm, daß bei den Studenten etwas für ihn zu holen war.

Die studentische Protestbewegung veränderte Berlin. Eine neue Kraft war in der Stadt zu spüren, die nun in Gegner und Befürworter gespalten war. Die Stimmung für das Berlin zu Beginn der sechziger Jahre hat der Maler Markus Lüpertz treffend beschrieben: »In seinen Anfängen war Berlin ein Loch, eine kulturell absolut provinzielle Kleinstadt. Wie ein großes Becken, das sich erst langsam füllte mit tausenderlei Richtungen und Denkweisen. Es gab zwar dieses große Erbe der zwanziger Jahre, vor allem aber kam langsam eine brodelnde Masse von jungen Leuten an, die versuchten, sich in dieser Stadt zu orientieren. Die Stadt selbst aber gab gar nichts. Sie war reine Legende, ein Museum, aber nicht des Sichtbaren, sondern ein Museum von Behauptungen. Diese Behauptungen wurden damals wiederbelebt durch Leute, die sentimental genug waren, diese Stadt als das zu nehmen, was sie war. Die Behauptungen wurden aber auch gebrochen durch Leute wie mich, die in diese Stadt kamen wie in eine Wüste, die bevölkert werden wollte.«[3] Es war Rudi Dutschke aus Luckenwalde vorbehalten, Berlins weltpolitische Schlüsselstellung neu zu behaupten. Berlin war für ihn nicht eine Stadt im politischen Nirgendwo, sondern von diesem künstlich am Leben erhaltenen Gebilde sollte seinen Vorstellungen nach revolutionäre Strahlkraft ausgehen: Er arbeitete an der »räterevolutionären Machtergreifung in Westberlin«. Dutschke wollte der Siegermacht USA in Berlin eine empfindliche Niederlage beibringen und gleichzeitig die kommunistischen Machthaber mit der Frage konfrontieren, wie ernst es ihnen eigentlich mit der Revolution war. Der unterschwellige Vorwurf lautete, die Genossen machten gemeinsame Sache mit den amerikanischen »Machteliten«. Die Schlußfolgerung aus solch einem Denken konnte nur sein, daß der Kalte Krieg unterder-

---

3 Markus Lüpertz im Gespräch mit Heinz Peter Scherfel, Köln 1989, S. 25.

hand beendet worden und einer friedlichen Koexistenz gewichen war. Die Kosten für dieses Arrangement hatten laut Dutschke Vietnam und der Rest der Dritten Welt zu begleichen. Der Luckenwalder und seine Mannen glaubten das falsche Spiel der Großmächte zu durchschauen. Sie setzten die Weltrevolution auf die Tagesordnung. Das war 1967. In dem Vorhaben der Gründung einer »Freien Frontstadt Berlin« kommt nicht nur das völlige Unverständnis mit dem oftmals beschworenen Volk zum Ausdruck, sondern darin zeigt sich auch die Hybris dieser Herren.[4] Sechs Jahre waren erst vergangen, seitdem Ulbricht die Mauer quer durch die Stadt hatte bauen lassen. »Wir kamen aus den Jahren nach dem Bau der Mauer mit einer ans äußerste grenzenden Empfindlichkeit. Sie richtete sich gegen alle und alles, was in irgendeiner Weise mit denen zu tun haben könnte, die diese Stadt West-Berlin eingemauert hatten. Wir waren völlig fixiert auf den einen Tatbestand, daß diese Stadt, wie sie nun einmal war, nur überlebt bei einer nahtlosen Übereinstimmung mit den Vereinigten Staaten [...] In diese Gesamtsituation kamen nun plötzlich Studenten

---

4 Liest man Bernd Rabehls Beitrag zu Dieter Kunzelmanns Erinnerungen, so wird deutlich, warum Dutschke und er gar nicht in der Lage waren, sensibel auf die zeitgeschichtliche Situation in Berlin zu reagieren: »Wir waren Abhauer und fühlten uns als Verräter an einer großen Idee. Diese aufzuarbeiten, zu interpretieren und Abstand zu gewinnen, war unser Anliegen.« Bernd Rabehl, Nachtcafé, in: Dieter Kunzelmann, Leisten Sie keinen Widerstand! Bilder aus meinem Leben, Berlin 1998, S. 38–44, hier S. 38.

mit roten Fahnen und Ho-Chi-Minh-Rufen und klagten die Macht, die hier die sogenannte oder tatsächliche Freiheit garantierte, als die Zerstörer von Menschlichkeit und Freiheit an.«[5] Die Situation in der Stadt stellt sich in diesen Jahren nicht als ein politisches, sondern als ein vorrangig psychologisches Problem dar. Die aus dem Westen zugezogenen oder aus dem Osten geflohenen Studenten nutzten Berlin als ihre Bühne. Dutschke wie auch sein Adlatus Rabehl besaßen ein sicheres Gespür für den provozierenden Umgang mit Geschichte. Sie interessierten sich nicht für den gewöhnlichen Berliner, der Krieg, Blockade, Care-Pakete, Vergewaltigung, Spionage und Angst vor dem dritten Weltkrieg durchgestanden hatte. Drei – Ernst Reuter, Willy Brandt und Heinrich Albertz – waren Regierende Bürgermeister Berlins gewesen, die die von den westlichen Alliierten geschützte Freiheit der Stadt zu schätzen gewußt hatten. Davon wollten die Führer der Studentenbewegung nichts wissen. Ihre Demonstrationen wurden aufgebläht zu historischen Bewegungen, sie waren maßlos in ihren Ansprüchen und betrachteten sich selbst als Verbündete des Weltgeists. Studentenproteste, Reformdebatten und Emanzipationsbestrebungen waren in den sechziger Jahren ein internationales Phänomen. Die bundesrepublikanische Entwicklung war jedoch gekennzeichnet von einer ganz eigenen Radikalität, Unversöhnlichkeit und einem auffallenden Übergewicht der Theorien und Prinzipien. Wie Friedrich H. Tenbruck bemerkt, konnten die

---

5 Heinrich Albertz, zit. nach Ulrich Chaussy, Die drei Leben des Rudi Dutschke, Zürich 1999, S. 169f.

neuen Ideologien ihre Herkunft aus dem deutschen Kulturraum nur schwerlich verbergen. »So scheinen Entwicklungen hier tiefer zu gehen, die Eroberung der Macht durch Radikale zielbewußter betrieben, die Alternativen stärker mit dem Gegensatz von Gut und Böse aufgeladen zu werden.«[6] Die Revolutionäre hatten es mit einem erfolgreichen Gegner zu tun: Die Einführung der Marktwirtschaft bescherte den Deutschen Wohlstand, es existierte breite Übereinstimmung mit dem politischen System der parlamentarischen Demokratie. Allerdings wurde bereits Ende der fünfziger Jahre kritisiert, daß die technisch-wirtschaftliche Modernität des Landes mit einem Festhalten an autoritären Verhaltensmustern und Normen einhergehe. Namentlich Ralf Dahrendorf stellte die Frage nach dem aktiven Demokratieverständnis der Deutschen. Dahrendorf konstatierte, daß das liberale Prinzip in Deutschland keine Heimat gefunden habe, doch verlieh er auch seinem Glauben Ausdruck, daß die Chancen für die liberale Demokratie größer seien als jemals zuvor in der Geschichte der Deutschen. Das genau bestritten die Protestierenden. Die Gründung der Großen Koalition im Dezember 1966 schien ihre Erwartungen zu bestätigen. Sie sahen darin die endgültige Ausschaltung der Opposition und beschworen einmal mehr die Heraufkunft eines neuen Faschismus. Doch ihre Annahmen erwiesen sich als falsch. Dank der bei-

---

6 Friedrich H. Tenbruck, Alltagsnormen und Lebensgefühle in der Bundesrepublik, in: Richard Löwenthal und Hans-Peter Schwarz (Hg.), Die zweite Republik. 25 Jahre Bundesrepublik Deutschland – eine Bilanz, Stuttgart 1974, S. 289–310, hier S. 308.

den Minister Franz Josef Strauß und Karl Schiller gelang es, die ökonomische Krise zu überwinden. Im Oktober 1969 wurde der ehemalige Emigrant Willy Brandt zum neuen Bundeskanzler gewählt. Spätestens mit der Wahl Brandts wurde deutlich, daß die Große Koalition nur eine notwendige Durchgangsstation für den Machtwechsel gewesen war. In seiner Regierungserklärung gab Brandt mit der Ankündigung »Mehr Demokratie wagen« das Signal für einen politischen Aufbruch, der im Zeichen innerer Reformen stehen sollte. Reformen sind für den Revolutionär gleichbedeutend mit einer Schmälerung seines Anspruchs, und er wird sie mit allen ihm zur Verfügung stehenden Mitteln bekämpfen. Der Revolutionär sieht seine Mission in der Beseitigung und nicht in der positiven Weiterentwicklung des Bestehenden. Die Berliner Revolutionäre fühlten sich im Zentrum einer »Globalisierung der revolutionären Kräfte« und träumten vom »historischen Augenblick«. Das Eigentümliche daran ist, daß sie fast alles, über das sie diskutierten und wofür sie demonstrierten, in den seltensten Fällen selbst erfahren hatten. Die Revolution kannten sie nur aus Büchern; sie sehnten sich nach der Inszenierung ihrer eigenen Heldenzeit. Bei den Achtundsechzigern handelt es sich keinesfalls um eine Bewegung »aufschäumender Lebensfreude« wie immer gern behauptet wird. Ganz im Gegenteil, jeder Fortschritt, jede positive Entwicklung wurde als Hemmnis für das große Ganze genommen und stand von vornherein unter Verdacht. Rückblickend gewinnt man den Eindruck, als habe diese Generation alles unternommen, um zu vertuschen, daß sie zu den großen Gewinnern der Bundesrepublik gehörte. Denn mit dem Anhalten des durch den Kalten

Krieg garantierten Friedens und dem Ausbau des Wohl-
fahrtsstaates bekam diese Jugend ungleich bessere Start-
bedingungen geboten als ihre Eltern. Man erwartete viel
von dieser im Frieden aufgewachsenen Jugend. Die protestierenden Studenten genossen soziale und materielle
Vorrechte, die sie durch ihren Anspruch auf geistige Füh-
rerschaft krönen wollten. Während die technische und
wirtschaftliche Modernisierung des Landes sich erfolgreich gestaltete und die politische und soziale Modernisierung im Sinne von Demokratisierung der Verwaltung
wie auch Parlamentarisierung politischer Entscheidungen voranschritt,[7] ging es bei der Studentenbewegung
um entscheidende Schlachten und große Taten. Die Generation von Weimar wie auch die Flakhelfer hatten
genug von Prinzipien, Opfern und Entbehrungen für ir-
gendwelche Ideale oder Verheißungen. Die wenig glanz-
volle Bundesrepublik war der richtige Ausdruck für ihre
Skepsis und ihre Illusionslosigkeit. Die Politik war nüch-
tern, erlebnisarm und befreit von großen Leidenschaf-
ten. Doch ihren Töchtern und Söhnen steht der Sinn
nach Sensation und Revolution. Sie wollen nicht die Ge-
winner nach einer Niederlage sein, sondern zu den Sie-

---

7 Dazu zählte die Einrichtung von 500 Abgeordneten-Assi-
stenten und eines wissenschaftlichen Dienstes. Beides
gehörte zum Projekt der wissenschaftlichen Politikbera-
tung, durch die der Vorsprung der Regierungsbürokratie
an Sachkompetenz und Information verringert werden
sollte. Der Politik der sechziger Jahre ist ein aktivistisch-
technokratischer Zug eigen. Man strebte in fast allen Berei-
chen nach bewußter Modernisierung mit Hilfe staatlicher
Planung.

gern über die Geschichte zählen. Eine Bewegung, die so sehr vom Alles oder Nichts lebt, braucht Tote.

4. Gegen den Staatsbesuch des persischen Schahs Reza Pahlewi im Juni 1967 finden in der gesamten Bundesrepublik Demonstrationen und Kundgebungen statt. Die Proteste richten sich gegen die Verhältnisse an den westdeutschen Hochschulen wie auch gegen die Zustände im Iran. Am 2. Juni liefern sich vor der Deutschen Oper in Berlin Anhänger und Gegner des Schahs heftige Straßenkämpfe. Dabei kommt es zum ersten Toten der Bewegung: Der Kriminalobermeister Karl-Heinz Kurras erschießt den Studenten Benno Ohnesorg. »Kapiere sofort, daß die Zeit der guten alten Ostermärsche vorbei ist und die politische Konfrontation in eine neue Qualität umgeschlagen«,[8] notiert Peter Rühmkorf in seinem Tagebuch. Diese neue Qualität ist es, für die sich auch Andreas Baader zu interessieren beginnt. Im Januar 1967 hatte sich eine Gruppe von SDS-Mitgliedern zur Kommune I zusammengefunden. Ziel ihres Zusammenlebens war die »Revolutionierung des Alltags«, sie traten an mit dem »Anspruch einer existentiellen Verweigerung gegenüber dem kapitalistischen System«. Trotz ihres reichlich provinziellen und männerbündischen Hautgouts sind drei der Kommunarden zu leidlicher Berühmtheit gelangt. Fritz Teufel, Rainer Langhans und Dieter Kunzelmann zehren heute noch von ihren Späßen und Streichen von damals. Neu an der Kommune I war jedoch ihr gekonnter Umgang mit den

---

8   Peter Rühmkorf, Die Jahre die Ihr kennt. Anfälle und Erinnerungen, Reinbek 1972, S. 216.

Medien.[9] Sie wußten ihre bescheidenen Einfälle gut zu vermarkten und entdeckten die ungeheure Attraktion, die der Verbindung von Politik und Sex innewohnt. Außenstehende fanden sich zu den abendlichen Diskussionen in den Kommuneräumen ein, gemeinsam wurde darüber beraten, ob und warum wer einziehen sollte. Wer allerdings nie einziehen wollte, war Andreas Baader. Ihm war es in der Kommune zu unkomfortabel und anstrengend. Es existiert ein Foto, das ihn im August 1967 zusammen mit Rainer Langhans bei einem Happening zur Haftverschonung von Fritz Teufel auf dem Kurfürstendamm zeigt. Langhans trägt einen Rock und ein Kapotthütchen, während Baader eine modische uniformartige Jacke anhat. Sie tanzen beide. Langhans will ausgelassen wirken, während Baaders Zügen etwas Gezwungenes anhaftet. Ein Mann wie er, der jahrelang seine Nächte in einschlägigen Bars verbracht hat, wird einen als Frau verkleideten Kommunarden nicht sonderlich aufregend gefunden haben. Der große Aufwand, mit dem man in der Kommune I versuchte, sexuelle Freiheit zu leben, muß auf ihn, der schon

---

9 Dieter Kunzelmann gesteht nicht ohne Eitelkeit, daß er lange vor seinem Umzug von München nach Berlin erkannt habe, daß seine »schöpferische Begabung« im »Kreieren von Happenings und Aktionen« lag. Berlin bezeichnet er als »Provokantenparadies« mit extraordinärer Medienlandschaft. »Die Medienresonanz war exzellent, die Springerpresse nahm die geringste linke Aktivität zum Anlaß für eine reißerische Berichterstattung und Hetze. Für solche Aufmerksamkeiten hatten wir ein gewisses Fingerspitzengefühl entwickelt.« Dieter Kunzelmann, Leisten Sie keinen Widerstand!, S. 49.

lange in einer *ménage à trois* lebte, eher peinlich gewirkt haben. Die Besuche in der Kommune waren für ihn zunächst nur eine Art Zeitvertreib. Er wollte nicht fehlen, wenn etwas los war. Baader war ein Außenseiter in diesem Milieu, er konnte nicht mithalten bei Theoriediskussionen, war weder ein besonders witziger oder schlagfertiger Diskutant. Für Andreas Baader waren weder die Amerikaner in Vietnam noch Orgasmusschwierigkeiten ein Thema. Dennoch mühte er sich nach Kräften, eine Rolle in dem Revolutionsspiel zu ergattern, blieb jedoch zunächst der »Nobody«, als den ihn Kunzelmann bezeichnet hat. Das änderte sich, nachdem er eine Genossin gefunden hatte, die an ihn glaubte. Gudrun Ensslin war der Typus der begabten Sekretärin, sehr aufmerksam, mit einem guten Gedächtnis, sie schrieb alles mit, war loyal bis zur Selbstaufgabe und träumte von der Erfüllung durch eine große Aufgabe. Sie war eine dünne, blasse Frau, deren gierige Züge in jungen Jahren noch apart wirkten. Gudrun Ensslin stammte aus dem Schwäbischen, ihr Vater war Pfarrer, die Eltern hatten beide zum Wandervogel gehört. In ihrem Elternhaus hatte man sie den Hochmut gegenüber dem Mittelmaß gelehrt. Sie lebte von einem Stipendium der Studienstiftung des Deutschen Volkes, geplant war eine Dissertation über Hans Henny Jahnn. Mit ihrem Mann Bernward Vesper war sie 1964 nach Berlin gekommen; ihr gemeinsamer Sohn war im Mai 1967 geboren. Sie lebten zusammen als Kleinfamilie, beide waren politisch engagiert. Im Bundestagswahlkampf 1965 war sie im »Wahlkontor deutscher Schriftsteller« des Günter Grass die einzige Frau; geschildert wird im nachhinein ihr fleißiges Mitschreiben und ihr »Hang zum Absoluten« (Günter Grass). Als sie Baader kennenlernt, hat sie den

Glauben an ihren Mann bereits verloren. Beide wollten sie hoch hinaus. Jahrelang hatten sie vergeblich versucht, als Nachlaßverwalter des Vaters von Bernward Vesper, des Nazi-Schriftstellers Will Vesper, zu Einfluß zu gelangen.[10] Mittlerweile war klar, daß es Bernward Vesper nie weiter als bis zum Lektor bringen würde. Außerdem war er für den kompromißlosen Idealismus seiner Frau zu schwach. Baader dagegen umgab sich mit dem Ruch des Verbotenen. Er hielt nicht viel von langen Diskussionen über Sex oder Politik. Baader nahm sich, was er wollte. Ensslin störte sich nicht an seinen Angebersprüchen oder seinem flegelhaften Benehmen, sie verliebte sich in ihn. Und er hatte schon lange genug von dem Leben mit der Geliebten und dem Kind. Die Zeiten hatten sich geändert, seine Halbwaisenrente war gestrichen, und er kam nicht mehr, wie früher, so gut durch mit seinen erfundenen Geschichten. Seine großspurigen Phasen wurden immer wieder durchbrochen von Zeiten nervösen Selbstzweifels. Davon unbeeindruckt applaudierte Gudrun Ensslin ihm weiter. Sie vermittelte ihm das Gefühl, wichtig zu sein. Im April 1968 zündeten sie in Frankfurt am Main ein Kaufhaus an. Ein Jahr zuvor waren bei einem Kaufhausbrand in Brüssel 251 Menschen ums Leben gekommen. In der Kommune I war man von dieser Katastrophe »derart fasziniert, daß wir aufgrund der vorhandenen Zeitungsberichte die Kommuneflugblätter Nr. 6 bis 9 über

---

10 Vgl. hierzu Gerd Koenen, Vesper, Ensslin, Baader. Urszenen des deutschen Terrorismus, Köln 2003. Koenen arbeitet darin die frühe Doppelrolle Gudrun Ensslins als Vertreterin avantgardistischer und deutschvölkischer Literatur heraus.

diesen Kaufhausbrand herausbrachten«.[11] Darin wurde der Brand als Aktion einer Anarchistengruppe dargestellt, die dafür gesorgt habe, »daß zweihundert saturierte Bürger« ihr »aufregendes Leben« hatten beenden müssen. »Brüssel wird Hanoi« und: »Wann brennen die Berliner Kaufhäuser?« Die Staatsanwaltanschaft Berlin erhob daraufhin Anklage wegen des Aufrufs zu vorsätzlicher, menschengefährdender Brandstiftung. Die Kommunarden kamen vor Gericht und hatten wieder einmal ihren Spaß mit den Medien. Namhafte Literaturwissenschaftler verfaßten Gutachten, und die Sache endete mit einem Freispruch. Für Baader war dieses ganze Getue lachhaft. Er war dafür, es selbst mal mit Brandstiftung zu versuchen, fand dafür jedoch unter den Kommunarden keinen, der mitmachen wollte. Nach Bommi Baumanns Interpretation wagte es der »Nobody« Baader mit Ensslin im Schlepptau, die Politmachos von der Kommune I herauszufordern. »Die Brandstiftung ist natürlich auch eine Konkurrenzgeschichte, da wird schon versucht, über Praxis die Avantgardepositionen abzustecken. Die Avantgarde schafft sich selbst (Che Guevara). Wer die knallhärtesten Taten bringt, der gibt die Richtung an.«[12]

Sie waren es sich schuldig, daß ihrer Ankündigung nun die Tat folgte. Im schicken weißen Auto von Baader fuhren sie irgendwann los von Berlin nach Westdeutschland. Baader und Ensslin lassen ihre kleinen Kinder wie auch ihre ehemaligen Geliebten zurück. Sie waren einan-

---

11 Dieter Kunzelmann, Leisten Sie keinen Widerstand!, S. 78.
12 Bommi Baumann, Wie alles anfing, München 1975, S. 30.

der versprochen. Mit von der Partie war ihr Freund Thorwald Proll, in München animierten sie noch Horst Söhnlein mitzumachen. In Frankfurt deponierten sie ihre selbstgebastelten Brandsätze im etwas biederen »Kaufhaus Schneider« und freuten sich, als es gegen Mitternacht brannte. Zwischendurch gaben sie reichlich an, machten Andeutungen über das »große Ding« und waren bereits am nächsten Abend verhaftet.

Eindeutiger Mittelpunkt des Prozesses, der im Oktober 1968 stattfindet, ist Gudrun Ensslin. In Zeitungsartikeln lernt man sie als hochbegabte, sensible Frau kennen, die an der Gesellschaft erkrankt ist. Sie gilt als Überzeugungstäterin aus edlen Motiven. Aus persönlicher Not und Verzweiflung über die bundesrepublikanischen Verhältnisse sah sie sich gezwungen, ein Fanal zu setzen. Was ihr wahrscheinlich mit ihrer Dissertation nicht gelungen wäre, gelang mit ein paar selbstgebastelten Brandsätzen: Sie wurde in eine Reihe mit ihren Landsleuten Hegel, Schelling, Hölderlin und Schiller gestellt, die, ebenfalls aus dem protestantischen schwäbischen Milieu stammend, sich in revolutionärem Denken versucht haben. Verteidiger und Presse bauten die junge Frau zu einer würdigen Verteterin der deutschen Kulturnation auf. Für die Schwiegertochter eines Nazis war das ein schöner Erfolg. Sie genoß die nahezu ungeteilte Aufmerksamkeit der Presse, Andreas Baader kam nur selten vor. Sie gibt die Erklärungen für beide ab, räumt auch Fehler ein, doch: »Darüber werde ich aber nicht mit Ihnen diskutieren, sondern mit anderen.«[13] Damit sprach sie aus, daß sie

---

13 Gudrun Ensslin, zit. nach Die Welt vom 22. 10. 1968.

und ihr Geliebter sich einer moralisch höherstehenden Macht verbunden fühlen. Ihre Verteidigung war Ausdruck eines ungeheuren Hochmuts, für den sie viele Bewunderer fand. Baader nutzte seine wenigen Wortbeiträge, um seinen Konkurrenten, den diskutierenden und demonstrierenden Studentenführern, eins auszuwischen. Er bezeichnet den Plan, eine »demonstrative Aktion« zu provozieren, als eindeutigen Fehlschlag. Schuld daran war für ihn der Sozialistische Deutsche Studentenbund (SDS), der sich von der Tat distanzierte. Im typischen Baader-Jargon wirft er dem SDS vor, er sei zu »einem lahmen Verein abgesackt«. Für ihn ist damit bewiesen, daß die revolutionäre Bewegung in der Bundesrepublik tot ist. Die Angeklagten werden zu drei Jahren Zuchthaus verurteilt. Für den Tatbestand der »menschengefährdenden Brandstiftung« war das nicht viel und dennoch das härteste Urteil seit Bestehen der studentischen Protestbewegung.[14] Acht Monate nach der Urteilsverkündung kommen die Verurteilten wieder frei. Das Urteil des Frankfurter Landgerichts gilt noch nicht als rechtskräftig, da der Bundesgerichtshof über die von den Verurteilten eingereichte Revision noch nicht entschieden hat. Fluchtgefahr scheint nicht zu bestehen.

---

14 Die Eltern glaubten daran, daß ihre Kinder die Tat aus idealistischen Motiven heraus begangen hätten. Anneliese Baader sah darin »Schrei und Aufschrei, Prophetie und Warnung, Klage und Anklage«, und Pfarrer Helmut Ensslin bekannte nicht ohne Protestantenstolz, daß seine Tochter »fast den Zustand einer euphorischen Selbstverwirklichung erlebte«.

5. Der Prozeß hat sie bekannt gemacht. Die Bilder von den scheinbar unbeschwerten jungen Menschen auf der Anklagebank waren in allen wichtigen Zeitungen gewesen. Den Medienstars aus der Kommune I war in Baader und Ensslin ernsthafte Konkurrenz erwachsen. Vor allem die Selbstinszenierung des Paares verfing. Bislang waren immer nur Demonstrierende oder Diskutierende abgebildet gewesen, einzelne streng blickende Männer oder Politclowns, doch ein offensichtlich glücklich verliebtes Paar, das sich zur Praxis revolutionärer Politik bekannte, das war neu. Andreas Baader sieht auf den Bildern entspannt aus, er streichelt zärtlich seine Geliebte, lächelt ihr zu. Er braucht eigentlich weder die Havanna noch die Brecht-Pose wie die beiden anderen Angeklagten, denn ihm gehört die einzige Frau. Sie hat sich für ihn und ihren Auftritt schöngemacht. Ihr Wille zur Stilisierung ist deutlich erkennbar. Gudrun Ensslin gab die Existentialistin, hatte die Augen stark schwarz geschminkt und sich für diesen Anlaß extra eine rote Lacklederjacke zugelegt. Während die Männer in ihren Aufzügen anknüpfen an Figuren der Weimarer Republik, zieht Ensslin als Existentialistin eine Verbindung zur französischen Résistance. Das ist der politische Gehalt ihrer Aufmachung. Durch diesen Auftritt hatte sie sich in die erste Reihe der Revolutionäre hochgespielt, sie genoß offensichtlich ihre Rolle als Kämpferin und Liebende. Als sie im Sommer 1969 vorläufig entlassen wurden, stand für beide fest, daß sie da weitermachen mußten, wo sie aufgehört hatten. Nun traf es sich, daß Baaders Lebenserfahrungen perfekt mit der Entdeckung des neuen revolutionären Subjekts zusammenpaßten. Die APO nahm sich der Fürsorgezöglinge an, die als »verwahrlost« galten und zu einer staatlichen Ersatzerziehung bestimmt waren. Mit »Verwahrlosung« bezeichnete man den Prozeß der Abweichung von den Vorstellungen bürgerlicher Normalität und Ordnung. Die dissozialen Jugendlichen wurden von seiten der Linken zu Helden erklärt, man sah die Ursachen ihrer Dissozialität in der »sozioökonomischen Beschaffenheit der kapitalistischen Gesellschaft«. Ihr auffälliges Verhalten galt »als unbewußter Protest gegen die herrschenden Verhältnisse«. Andreas Baader, der sich von klein auf prügelte, der von sämtlichen Schulen verwiesen worden war und etliche Jugendstrafen hatte absitzen müssen, war einer von ihnen. Baaders immer wieder beschworene Gleichsetzung von politischer und krimineller Gewalt ist ohne diese Entdeckung des Fürsorgezöglings als revolutionäre Avantgarde nicht möglich. Er bekam dadurch nicht nur eine Entschuldigung für sein wenig erfolgreiches Leben geliefert, sondern konnte sich zum Revolutionär auserwählt fühlen.[15] Hannah Weitemaier, die in jenen Jahren eben-

---

15 Andreas Baader las mit großer Begeisterung den Poeten und Häftling Jean Genet. Gudrun Ensslin und Ulrike Meinhof bezeichnete er gerne in Anlehnung an das gleichnamige Stück von Genet als »Zofen«. Bei Genet steht das Verbrechen in Zusammenhang mit der Erlösung und dem Heiligen. Er veröffentlichte drei Tage vor der Schleyer-Entführung den Artikel »Violence et brutalité« in Le Monde. Darin verteidigt er die Kader der RAF und schreibt: »Deutschland sucht und schafft es in einem gewissen Maße, von der RAF ein monströses und Schrecken einflößendes Bild zu zeichnen. Indem sie Deutschlands Unerbittlichkeit im Foltern der RAF schüren,

falls mit ehemaligen Fürsorgezöglingen arbeitete, erinnerte sich in einem Interview an Baader. Sie gibt an, die Jugendlichen hätten in ihm einen »Hero« gesehen. Baader habe eine »Ausstrahlung wie ein Gangsterboss« gehabt und gerne randaliert.[16] Bei der »Befreiung« der Fürsorgezöglinge aus der Erziehungsanstalt Staffelberg nimmt er zusammen mit Gudrun Ensslin eine führende Rolle ein. Rund siebzig der Heimbewohner flüchten nach Frankfurt, wo sie bei ihren revolutionären Förderern unterkommen. Baader gewöhnt die ihm anvertrauten Jungs an seine Art zu leben: arbeiten gehen war verpönt, man wollte sich lieber amüsieren. Und das am liebsten auf Kosten der anderen. Baader veranstaltete nächtliche Autorennen durch die Frankfurter Innenstadt, verteilte großzügig Geld, erzählte seine Geschichten, sprengte Partys und sorgte dafür, daß sie unangenehm auffielen. Andreas Baader suchte auch beim Reden den körperlichen Kontakt zum anderen und galt vielen als zu aufdringlich. Die Jugendlichen mochten das, denn bei Baader war »immer was los«; Regeln zu verletzen und anderen weh zu tun, das war für ihn revolutionäre Politik. Gudrun Ensslin sorgte für den intellektuellen Anstrich des Ganzen, sie übernahm sehr erfolgreich die

---

suchen andererseits das restliche Europa und Amerika (und sie schaffen es in einem gewißen Maß) von dem ›ewigen‹ Deutschland ein schreckenerregendes und monströses Bild zu zeichnen.« Jean Genet, Schreckenerregendes Deutschland, Der Spiegel, Nr. 38, 12. September 1977, S. 136.

16 Tanja Stelzer, Die Zumutung des Fleisches, Der Tagesspiegel vom 6. 12. 2003.

Verhandlungen mit den Behörden.[17] Es gelang ihr, den Leiter des Frankfurter Jugendamtes für ihr Projekt zu gewinnen. Sie gründeten einen Trägerverein und mieteten sechs Wohnungen an. Das war die aus öffentlichen Geldern bezahlte Basis, von der aus Baader seinen »Großangriff auf die Heime« starten wollte. Einen Monat später befindet er sich auf der Flucht. Der Revisionsantrag war abgelehnt worden, Baader will auf keinen Fall ins Gefängnis. Reumütig eine Reststrafe abzusitzen kollidierte mit seinem Selbstbild als Revolutionär. Er glaubt sich in einer internationalen Revolutionsgemeinschaft aufgehoben und begibt sich auf große Fahrt. Er weiß nicht genau, wo er Anschluß suchen soll, und fährt zunächst nach Paris. Mit von der Partie sind Gudrun Ensslin und Thorwald Proll. Dessen Schwester Astrid Proll bringt Baader einige Zeit später seinen weißen Mercedes nach Paris. Sie kommen zu spät. Der Sommer, in dem die Phantasie an die Macht kommen sollte, ist längst vorüber. Sie wohnen in einer großen, leeren Wohnung auf der Île dé la Cité mit Blick auf Notre Dame, hören Janis

---

17 Wie sehr auch sie sich als Anleiterin des revolutionären Bewußtseins gefiel, macht eine vom späteren RAF-Mitglied Peter-Jürgen Boock kolportierte Geschichte deutlich. Er war aus dem Heim geflohen und tauchte in der von der Universität bereitgestellten Villa auf, in der die Gruppe zum damaligen Zeitpunkt wohnte. Ensslin saß in der Badewanne, und er fragte, ob er nach ihr baden könne. Sie forderte ihn auf, sich zu ihr in die Wanne zu setzen. Man darf vermuten, daß es ihr erotisches Vergnügen bereitete, eine Szene wie aus dem Film »Mrs. Robinson« mit einem frisch geflohenen Heimzögling nachzuspielen.

Joplin, rauchen, trinken weißen Rum und langweilen sich. Es handelte sich um die Wohnung des berühmten Journalisten Régis Debray, der nach Bolivien gegangen war, um Che Guevara zu unterstützen. Debray gehörte zur internationalen Avantgarde, sein Buch »Revolution in der Revolution. Bewaffneter Kampf und politischer Kampf in Lateinamerika« war 1967 ins Deutsche übersetzt worden. Debray verehrte Fidel Castro, weinte über Che Guevaras Tod, weihte sein Leben der Revolution und glaubte, daß eine Frau nur einen Mann lieben kann, der für die Revolution kämpft.[18] Die unmittelbare Nähe zu diesem glamourösen und gefährlichen Leben eines Mannes, der Bourgeois und Revolutionär in einem war, mußte Baader beeindrucken. Er gehörte nun einem gewissen Milieu an, das über Geld und Einfluß verfügte. Gleichwohl handelte es sich um Genossen, die die Revolution und damit die Macht wollten. Doch die Leute mit Einfluß blieben im dunkeln und anonym. Man stellte den jungen Deutschen die Wohnung zur Verfügung, ansonsten interessierte sich niemand für sie. Sie verpraßen Geld, kümmern sich nicht um Nachschub. Sie leben wie Tagträumer, einer Art melancholischen Euphorie ergeben. Es gibt Fotos, die Baader in der Wohnung zeigen. Er lehnt an einer weißen Wand, raucht und wirkt verloren. Anders die Bilder, die zusammen mit Gudrun Ensslin in der Bar gemacht sind. Wie bereits bei den Auf-

18 Vgl. hierzu Auszüge aus einem Interview, das Oriana Fallaci mit Régis Debray führte und das von Peter Brückner im Stil der Zeit kritisiert wird: Peter Brückner, Debray und andere. Drei Versuche über die Ratlosigkeit, Kursbuch 25 vom Oktober 1971, S. 143–183.

nahmen vom Kaufhausbrandprozeß spürt man die tiefe Verbundenheit der beiden. Ensslin hat die Haare geschnitten und dunkel gefärbt, ist ansonsten aber ihrem Existentialistenchic treu geblieben. Dazu passen der Ricard-Aschenbecher, die Kaffeetassen und die Gitanes-Zigarettenschachtel. Die Porträts von ihm zeigen, daß er älter geworden ist, die weichen Züge sind verlorengegangen, abschätzig schaut er von unten in die Kamera. Den Kragen seiner Lederjacke hat er hochgeschlagen, lässig hält er die Zigarette, seine Haare sind wie immer kurz geschnitten.[19] Man spürt die Sicherheit, die ihm sein Körper gibt. Baader blickt wie einer, der etwas verloren hat und dabei ist zu überlegen, was er eigentlich erobern will.

Erstes Opfer seiner neuen Pläne wird Thorwald Proll. Den Freund, der die vergangenen Jahre nahezu ununterbrochen an seiner Seite gewesen war, stieß Baader einfach ab, weil er nicht mehr ins Konzept paßte. Sie ließen ihn einfach zurück. Proll selbst sagt, er wurde ersetzt, weil er den Anschluß verloren habe. »Ich blieb in der Wohnung, und die gingen raus. Das war ein etwas trauriger Moment […] Es war […] einsam.«[20] Die anderen fuhren über Zü-

---

19 Es besteht eine verblüffende Ähnlichkeit zwischen Baaders Körperhaltung und Selbstdarstellung auf diesen Bildern und denen, die Konrad Reßler 1927 von Bert Brecht gemacht hat. Die Fotos zeigen Brecht mit Zigarre und im Ledermantel. Er probte im Fotostudio seinen Auftritt als unsoldatischer Mann. Bertolt Brecht beim Photographen. Porträtstudien von Konrad Reßler, Berlin 1989.

20 Thorwald Proll/Daniel Dubbe, Wir kamen vom anderen Stern. Über 1968, Andreas Baader und ein Kaufhaus, Hamburg 2003, S. 74.

rich nach Mailand und von dort aus weiter nach Rom. Schließlich landeten sie am Ende Europas in Sizilien. Sie setzten nicht über nach Afrika, kehrten zurück nach Rom. Sie wurden in den Kreisen der Salonrevolutionäre herumgereicht, wobei vor allem Ensslin mit ihrem heiligen Eifer einen guten Eindruck hinterließ. Baader nahm man eher hin, auch interessierte er sich mehr für die Seidenhemden des Gastgebers als für das intellektuelle Geplauder. Da meldet sich Baaders Anwalt Horst Mahler aus Berlin. Er bietet ihnen die Rückkehr in den Schoß der Bewegung an. »Ich kannte die Situation der Leute und habe ihnen etwas Geld mitgebracht, das mir in München von hochmögenden Kulturschaffenden zugeschanzt wurde. In einer nächtlichen Diskussion mit Andreas Baader, mit Gudrun Ensslin, mit Astrid Proll und noch ein paar anderen haben wir uns über das verständigt, was wir hier machen werden.«[21] Mahler war dabei, eine Gruppe von Vertrauten zu rekrutieren, die bereit war, in den Untergrund zu gehen. Ihm schwebte so etwas wie bewaffnete Sozialarbeit vor, und dafür schienen ihm die beiden die richtigen zu sein. Trotz breiter Mobilisierung war das Gnadengesuch gescheitert, so daß sie bei der Rückkehr nach Deutschland mit ihrer Verhaftung rechnen mußten. Es war das einzige Angebot, das sie hatten. Die Brandstiftung hatte ihnen Türen geöffnet, an denen sie vorher nicht anzuklopfen gewagt hätten. Ulrich Enzensberger schreibt, sie seien regelrecht herumgereicht worden und

---

21 Der Staat war das Böse, Ein ZEIT-Gespräch mit Horst Mahler über die Apo, den Weg in den Terror und die Versöhnung mit dem Grundgesetz, Die Zeit vom 2. 5. 1997.

hätten großen Zuspruch erfahren.[22] Baader war zuvor nie längere Zeit im Ausland gewesen. Und nun hatte er den Schlüssel zu einer feinen Pariser Wohnung in der Tasche und galt als begehrter Gast in den Künstler- und Intellektuellenkreisen Roms. Diese Reise hatte ihn mit Bedeutung aufgeladen und ihm auch seine Grenzen gezeigt. Vom Ausland aus würde es ihm nie gelingen, eine wichtige Rolle im Revolutionsgeschäft zu spielen. Er hatte so gut wie nichts gelesen und sprach nur Deutsch. Er wußte einfach nicht, was er eigentlich mit sich anfangen sollte. Eine Rückkehr in die deutsche Normalität hätte bedeutet, daß er seine Reststrafe absitzen mußte und danach vielleicht wieder ein bißchen Spaß mit den Jungs aus dem Heim haben konnte. Das war weder glamourös noch gefährlich. Oder aber er nahm Mahlers Angebot an, blieb weiterhin abgetaucht und sorgte durch Aktionen dafür, daß sich sein Ruf als harter Revolutionär festigte.

6. Bei ihrer Rückkehr nach Berlin trafen Baader und Ensslin auf die Frau, die sie als Zeugin ihrer revolutionären Mission brauchten. Ulrike Meinhof war im Gegensatz zu ihnen durch ihr intellektuelles Format bekannt geworden. Ihre vielbeachteten Kolumnen waren in »Konkret« erschienen, sie war zu Gast gewesen bei Werner Höfers »Frühschoppen«, nahm eine außergewöhnliche Rolle in der Hamburger Gesellschaft ein, »als Lieblingskind, als verhätschelte Ausnahmeerscheinung, als gern herumgereichtes Exotikum, als Überbaukrönung

---

22 Ulrich Enzensberger, Die Jahre der Kommune 1. Berlin 1967–1969, Köln 2004.

eines pluralistischen Establishments: von der Sache her unerbittlich, aber im Privaten doch nicht ungern dabei«.[23] Als eine Art moderner Medea hatte sie ihre Villa in Blankenese verwüstet, ihren Mann und später dann ihre Kinder verlassen, um von Berlin aus gegen den »Faschismus« zu kämpfen. Meinhof war ebenfalls in der »Heimkampagne« aktiv und kannte Ensslin von einem Interview, das sie mit ihr zum Kaufhausbrandprozeß geführt hatte. Im März 1970 kommt es in Meinhofs großbürgerlicher Wohnung zu einem nächtlichen Treffen zwischen den Mitgliedern der späteren »Spaßguerilla« und den Kadern der zukünftigen »Stadtguerilla«. Allesamt sind sie gescheiterte Figuren, die nicht wahrhaben wollen, daß ihre große Zeit vorüber ist. Baader spielt seine neue und alte Paraderolle: Er war schon immer ein Gesetzloser, ist bereit zum Verbrechen, das nichts anderes als revolutionäre Praxis ist. Immerhin hat er ein Kaufhaus angezündet und lebt nun in der Illegalität. Mit der ihm eigenen Großspurigkeit, die sich auf nichts gründet, geht er davon aus, daß er eine große Nummer ist.

Einen Monat später sitzt er wieder im Gefängnis. Bei einer Polizeikontrolle hatte er die Daten seiner gefälschten Papiere nicht im Kopf gehabt und war enttarnt worden. Seine Getreuen müssen handeln. Ulrike Meinhof, die laut Joachim Fest zunehmend darunter gelitten hatte, daß ihre Schreibmaschine keine Waffe und mit bloßen Gedanken keine Veränderung möglich war, erklärte sich dazu bereit.[24] Sie verfügte über beste Kontakte und

23 Peter Rühmkorf, Die Jahre die Ihr kennt, S. 225.
24 Über ihre erste Begegnung schreibt Fest: »Nach einigem Zuwarten mischte ich mich mit irgendeinem Widerspruch

schließt mit dem Verleger Klaus Wagenbach einen Vertrag für ein Buchprojekt über die Organisation sozialgeschädigter Jugendlicher. Ihr Co-Autor Andreas Baader erhält eine Ausgangserlaubnis, um Quellen im »Institut für soziale Fragen« zu studieren. Am 14. Mai erscheint er dort in Begleitung zweier Justizbeamter, seine Mentorin Meinhof wartet bereits im Lesezimmer auf ihn. Kurz darauf wird er von vier maskierten und bewaffneten Personen befreit. Der Institutsangestellte Georg Linke wird von einem der Baader-Befreier lebensgefährlich verletzt. Das Fluchtauto markiert den neuen Stil dieser Guerilleros: es war ein Alfa Romeo Giulia.

Nun hatte Andreas Baader zwei Frauen, die an ihn glaubten. Ulrike Meinhof war durch ihren Umzug nach Berlin ihrer eingespielten Rolle als »Lehrerin und Bekehrerin« (Peter Rühmkorf) verlustig gegangen und suchte nach Ersatz. Sie fand ihn als Propagandistin der terroristischen Tat und Handlangerin des Paares Baader/Ensslin.

---

in die Unterredung ein und machte mich dann bekannt. Offenbar war sie dankbar, daß ich den Befrager unterbrach, und wollte wissen, ob ich ebenfalls die Absicht habe, sie auszuforschen. Doch entgegnete ich, die Antwort schon zu kennen. Sie habe mit beeindruckender Entschiedenheit gesprochen, jeder Satz ein Art Pronunciamento. Ins halb Spöttische wechselnd, fuhr ich nach einer kurzen Pause fort: Das letzte Mal hätte ich soviel energische Gewißheit über den Lauf und die Bestimmung der Welt während des Krieges von unserem sogenannten NS-Führungsoffizier vernommen.« Joachim Fest, Die Verzweiflung des Gedankens. Extempore über Ulrike Meinhof, in: ders., Begegnungen. Über nahe und über ferne Freunde, Reinbek 2004, S. 249–270, hier S. 250.

Nach der Baader-Befreiung wurde ein von ihr auf Tonband gesprochener Text im *Spiegel* veröffentlicht, der den menschenverachtenden Zug ihres politischen Denkens und Handelns zeigt. Sie plädiert dafür, Polizisten nicht als Menschen, sondern als »pigs« zu bezeichnen. »Denn wir haben nicht das Problem, daß das Menschen sind, insofern es ihre Funktion ist, beziehungsweise ihre Arbeit ist, die Verbrechen des Systems zu schützen, die Kriminalität des Systems zu verteidigen und zu repräsentieren.«[25] Die Schlußfolgerungen aus ihrem denkerisch enttäuschenden und einfach nur brutalen Text lauten, daß sie sich und ihre Genossen dazu ermächtigt und auffordert, zu schießen und zu morden. Das zweite Anliegen ihres Textes ist es, von der Größe des Andreas Baader Zeugnis abzulegen. Er ist ein Kader. Er ist wertvoll, weil er zu denjenigen gehört, »die jetzt kapiert haben, was zu machen ist und was richtig ist«. Ulrike Meinhof brachte Gudrun Ensslin ihr »Baby«, wie sie Baader nannte, zurück. Die gewaltsame Gefangenenbefreiung war ihr Entree in die Welt des Paares. Im politischen Paar geht die subjektive Lebensmacht mit der kollektiven Mission eine Verbindung ein. Das war es, was die Meinhof an den beiden anzog. Erst nachträglich verfaßte sie den Text, der der Tat die höheren Weihen verlieh. Meinhof gehörte nun zu den Wiedervereinten, gemeinsam wollten sie »die Rote Armee aufbauen«. Von dem Arrangement profitierten beide Seiten: Meinhof, der ihre Worte nicht mehr genügten, um ihren Haß zu stillen, hatte durch ihren Anschluß an Baader

---

25 Ulrike Meinhof, »Natürlich kann geschossen werden«, Der Spiegel, Nr. 25, 15. Juni 1970, S. 74f.

und Ensslin eine neue Identität gefunden. Ihr neues Leben war existentiell mit dem des Paares und der Gewalt verknüpft: sie lebten im Untergrund, waren steckbrieflich gesuchte Kriminelle. Baader und Ensslin gewannen durch Meinhof an Prestige. Die Texte der einstigen Starjournalistin wurden in den wichtigen Magazinen und Zeitungen abgedruckt, sie hatte Zugang zu den ersten Kreisen in Gesellschaft und Politik. Im Gegensatz zu dem diesbezüglich eher unbeschlagenen Paar dachte Ulrike Meinhof in Einflußpositionen.[26] Das konnte für die revolutionäre Praxis, die ihnen vorschwebte, nur von Vorteil sein.

7. Andreas Baader verwandelte irgendwann Ende der sechziger Jahre seine Hochstaplerexistenz in eine politische Mission. Er war gezwungen, das Böse zu tun auf der Suche nach dem vermeintlich Guten. Der schöne junge Mann, der so einfach Macht über andere bekam, wurde zu einem Dandy des Bösen. Für Albert Camus ist derjenige, der das göttliche und moralische Gesetz herausfordert, nicht der Revolutionär, sondern der Dandy.[27] Er schafft sich selbst durch die Weigerung und

---

26 Diese Einschätzung entnehme ich dem Porträt, das Joachim Fest über Ulrike Meinhof geschrieben hat.

27 Der deutsche Dandy ist eben nicht nur ein auf das Dekorative abonnierter Mann, wie die meisten Autoren in Anlehnung an meinen Text von 1997 schrieben. Seine Bezugnahme auf den Staat hat mit der kulturellen und politischen Besonderheit der deutschen Entwicklung zu tun. Vgl. hierzu Karin Wieland, Deutsche Dandys, in: Kursbuch, März 1997, S. 45–58.

die Verneinung. Sein Leben kann er nicht leben, deshalb spielt er es vor. Dazu braucht er das Publikum, das er in immer neuen Inszenierungen reizt. Auch Baader versuchte immer wieder, die eine terroristische Aktion durch die andere zu überbieten. Die anderen, das heißt die bundesrepublikanische Öffentlichkeit, waren der Spiegel, in dem er sich gespiegelt sehen wollte. »Immer im Bruch mit der Welt, am Rand, zwingt er die andern, ihn selbst zu erschaffen, indem er ihre Werte leugnet.«[28] Baader war der Dandy, der sich zum einsamen Herrscher geboren fühlte und doch wußte, daß er verloren war.

Sie hatten Berlin verlassen, um sich in einem palästinensischen Camp zu Guerilleros ausbilden zu lassen. Andreas Baader hält nicht viel von revolutionärer Disziplin, er mimt den Chef und will mit seinem Ausbilder gleichberechtigt von Guerillachef zu Guerillachef verhandeln. Eigentlich interessieren ihn nur Waffen und seine Freundin. Baader war ein Meister der gezielten Verunsicherung, der die Zeit im Camp dazu nutzte, um seinen Anspruch auf die Alleinherrschaft in der Gruppe durchzusetzen. Die anderen Mitreisenden quält er am liebsten oder denkt laut über deren Liquidierung nach. Er hatte eine subtile Technik entwickelt, andere zu entmachten und sich selbst dadurch zu stärken. Auch daß sie von den palästinensischen Kämpfern aufgefordert werden zu gehen, schmälert nicht die Machtfülle, mit der die anderen bereit sind, ihn auszustatten. Der Dandy kennt keinen

---

28 Albert Camus, Der Mensch in der Revolte, Reinbek 1969, S. 45.

Nächsten. An Baaders Führungsanspruch innerhalb der Gruppe bestand kein Zweifel. Im Gefängnis wird er von den anderen RAF-Gefangenen »Generaldirektor« genannt werden, seine Briefe pflegte er in grüner Cheftinte zu schreiben, und man fürchtete ihn. Nach ihrer Rückkehr aus Jordanien im August 1970 waren sie damit beschäftigt, ihr Leben im Untergrund zu organisieren. Sie gehen mit großer krimineller Energie vor: In anderthalb Jahren erbeuten sie bei bewaffneten Banküberfällen fast eine Million Mark, stehlen Dutzende Autos, ungefähr hundert Pistolen, Maschinengewehre, Tausende Schuß Munition sowie Chemikalien zur Bombenherstellung. Sie beschaffen bei Einbrüchen in Rathäusern Hunderte Blankoformulare von Personalausweisen, Führerscheinen und Reisepässen nebst Stempeln und Siegeln. Das Leben im Untergrund erfordert ein hohes Maß an Mobilität, sie sind ständig unterwegs, kein Schlupfwinkel, keine konspirative Wohnung bietet ihnen ausreichende Sicherheit. Die Selbstausgrenzung, die in der Wahl dieses Lebens steckt, bestärkt Baader in dem Gefühl, ein Auserwählter zu sein. Er trainiert seine »Kondition der Unzugehörigkeit« (Hans Magnus Enzensberger), die ihm schon immer eigen war.

Immer mächtiger wurde die Vorstellung, daß er sich und seine Welt selbst erschafft. In den Wohnungen, in denen er lebte, war zumeist nur der Eingangsbereich möbliert, der Rest war bis auf Matratzen leer. Die Spuren, die er hinterließ, sollten nur Spuren der Gewalt sein. Die Verbrechen, die im Namen der RAF begangen wurden, dienten allein der Selbstvergewisserung derer, die sie begingen. »Es gab zwar den globalen Begründungszusammenhang ›Antiimperialismus‹, aber es fehlte an Reflexion darüber, was die jeweiligen Taten und Aktionen in der konkreten politischen Landschaft der Bundesrepublik hätten bedeuten sollen. Man hat sich nicht darum geschert, was das innenpolitisch bedeutete, was das auslöste.«[29]

Baaders Rückzug aus der Gesellschaft war total. Er lebte in einer künstlich geschaffenen Welt. Sie sollte ihm helfen, sein Leben als eine Art heroisches Kunstwerk zu führen. Er war die Avantgarde und Gudrun Ensslin seine Propagandistin, die ihn als Erlöserfigur aufbaute. Sie schrieb über ihn: »Der Rivale, absolute Feind, Staatsfeind: das kollektive Bewußtsein, die Moral der Erniedrigten und Beleidigten, des Metropolenproletariats – das ist Andreas.«[30] An ihm, der sich über die Ziele bestimmte und ein neuer Mensch geworden war, nämlich »klar, stark, unversöhnlich, entschlossen«, sollten sich die anderen ein Vorbild nehmen. Die Begründung seiner Verbrechen waren fern von einem vernünftigen Inhalt. Daran zeigt sich ihre dandyistische Struktur. Baader fühlte sich über Gesetze, Regeln und Normen erhaben, Gewalt auszuüben schürte in ihm das Gefühl seiner Erhabenheit. Es war Ernst Jünger, der in seinem 1932 erschienenen Text »Der Arbeiter« die Empfehlung an die

---

29 Wolfgang Kraushaar im Gespräch mit Jörg Herrmann, Die Aura der Gewalt. Die ›Rote Armee Fraktion‹ als Entmischungsprodukt der Studentenbewegung, in: Wolfgang Kraushaar, Fischer in Frankfurt. Karriere eines Außenseiters, Hamburg 2001, S. 224–256, hier S. 230.

30 Zit. nach Gerd Koenen, Das rote Jahrzehnt. Unsere kleine deutsche Kulturrevolution 1967–1977, Frankfurt am Main 2002, S. 382.

Jugend ausgesprochen hatte, daß es unendlich erstrebenswerter sei, »Verbrecher als Bürger zu sein«.[31]

Die Verbrecher maskierten sich als Bürger. Das war das unerhört Neue an der RAF und macht ihre ästhetische Wirkung bis heute aus, daß sie sich äußerlich nicht vom Bürger unterschieden, sondern sich als Bürger tarnten. Ästhetisch bedeutet das Auftreten der RAF das Ende von 1968. Ihnen geht es nicht um Gegenkultur und provokative Abweichung, sondern um Luxus und Gewalt. Baader, der großen Wert auf sein Äußeres legte, wollte immer anders sein als die Akteure der Studentenbewegung. Man kann sich ihn auch nicht mit Nickelbrille und Rauschebart vorstellen. Er trug die Haare stets kurz geschnitten, kleidete sich gut, eng und körperbetont. Er mochte Samt und Seide. Sie lebten außerhalb der Gesellschaft, stilisierten sich jedoch als den besseren Teil der Gesellschaft. Die bewaffneten Revolutionäre spielten Bourgeoisie. Ein großer Teil des Geldes, das sie bei Banküberfällen erbeuteten, gaben sie für Kleider aus. Die Mode kam ihnen entgegen. Der Exhibitionismus der sechziger Jahre wurde durch eine gewisse Dramatisierung der Nivellierung in der Mode der siebziger Jahren abgelöst.[32] Aus der heutigen Sicht wirken die meisten modebewuß-

---

31 Ernst Jünger: Der Arbeiter. In: Sämtliche Werke. Zweite Abteilung. Essays II, Bd. 8, Stuttgart 1982, S. 11–317, hier S. 31. Vgl. zum kulturellen Ideal des Dandy: Hans Richard Brittnacher, Erschöpfung und Gewalt. Opferphantasien in der Literatur des Fin de siècle, Köln 2001, S. 297–318.

32 Vgl. hierzu sehr anschaulich: Vogue Book of Fashion Photography, London 1979.

ten Bürger dieser Zeit eher verkleidet. Perücken zu tragen war durchaus üblich. Die Terroristen fielen mit ihren deutlich sichtbar falschen Haaren nicht als verkleidet auf. Eine Frau vom Fach, das ehemalige Chanel-Mannequin Michèle Ray, berichtet von ihrer Stippvisite im Berliner Untergrund, daß Baader, Ensslin und Meinhof völlig verändert ausgesehen hätten. Sie trugen alle Perücken.

Baader besaß das Monopol des Narzißmus innerhalb der Gruppe. Er war das schöne Wesen und duldete niemanden neben sich. In bezug auf sein Äußeres gebärdete er sich unvernünftig wie eine Frau. Im palästinensischen Camp hatte er sich geweigert, einen Kampfanzug anzuziehen, und war in seinen engen Samthosen durch die Wüste gerobbt. Als Dandy bewunderte er die künstliche Schönheit der geschminkten Frau. In seiner Boheme-Zeit zu Beginn der sechziger Jahre ging er gerne geschminkt aus. In seiner Stammheimer Zelle fand man Lidschatten, Pelze und Haarspray. Andreas Baader war der Dandy aus der Welt der Frauen, der seinen Krieg gegen den Staat führte.

Doch davon existieren keine Bilder. Ihre Zeit im Untergrund ist bilderlos. In der Öffentlichkeit blieben sie unsichtbar. Für die Fahndungsplakate benutzte man Jugendbildnisse oder alte Polizeifotos. Vom stumpfen Orange der siebziger Jahre heben sich die unscharfen, grauen Bilder schlechtgelaunter junger Menschen auf den poppostergroßen Fahndungsplakaten ab.

8. Baader wurde im Porsche festgenommen. Der Porsche war auberginefarben, mit Handgranaten bestückt, und Baader fuhr wie immer ohne Führerschein. Es war morgens um 5.50 im Juni 1972, er befand sich in Begleitung

von Holger Meins und Jan-Carl Raspe. Die Frankfurter Tiefgarage stand unter Bewachung des BKA. Bei einem heimlichen Kontrollgang hatte man dort große Mengen selbstlaborierten Sprengstoffs und Fluchtfahrzeuge der oberen Mittelklasse gefunden. Danach war man sich sicher, daß es sich um ein geheimes Depot der RAF handelte. Man mußte nur noch warten, bis der Fisch ins Netz ging. Baader wurde bei der Festnahme angeschossen. Auf den Filmaufnahmen sieht man ihn hilflos, mit schmerzverzerrtem Gesicht, schlecht gefärbten rotblonden Haaren, die Augen hinter dunklen Sonnenbrillengläsern verborgen. Er war bewaffnet gewesen. Eine Woche darauf riefen die Verkäuferinnen einer edlen Hamburger Boutique die Polizei. Eine Kundin hatte ihre Lederjacke so drapiert, daß die darin versteckte Pistole deutlich zu sehen war.[33] Sie hatte noch eine zweite Waffe bei sich und hieß Gudrun Ensslin. Eine weitere Woche später wurde Ulrike Meinhof festgenommen. Im Namen der RAF waren in den vergangenen Monaten sechs Sprengstoffattentate verübt und mehrere Menschen getötet worden. Zu den Anschlägen waren Bekennerschreiben erschienen, in denen in triumphierendem Ton die Gewalt gefeiert

---

33 Hans-Peter Konieczny, der als Fälscher für Baader und Ensslin arbeitete, berichtet von einem Treffen mit Ensslin. Sie spionierten zunächst Munitionsdepots aus, gingen dann Wurstsalat in der Kneipe essen. »Ich wunderte mich, wie leichtsinnig Gudrun war. Mindestens 15 Minuten lang, bis das Essen kam, schaute in der vollbesetzten Kneipe die P 38 aus der Manteltasche heraus.« Hans-Peter Konieczny, »Paß auf, hier hat's 'ne Menge Bullen«, Der Spiegel, Nr. 42, 9. Oktober 1972, S. 36–52, Zitat S. 44.

wurde. Mit Baaderschem Imponiergehabe hatte man das »Volk« über die Existenz verschiedener »Kommandos« unterrichtet, die im Auftrag der RAF handelten. Als Chef des »Terroristenvereins« (Sebastian Haffner) hatte Baader so gelebt, wie es ihm gefiel: Keiner aus seiner Truppe traute sich, ihm zu widersprechen, er verpraßte Geld, raste mit schnellen Autos durch die Lande, hatte viele Frauen um sich geschart, und alle fürchteten ihn. Gewalt, Geld und Geschwindigkeit waren die Elixiere seines Lebens. Seine Liebe zur Höchstgeschwindigkeit begleitet ihn von seinen ersten kriminellen Delikten bis zu seiner Festnahme als »Staatsfeind Nummer eins«. Das Rasen vermittelte ihm das Gefühl, ziellos und potent zu sein. Baader war ein Waffen- und Autonarr. Zu den wenigen Dingen, die er in seinem Leben gelernt hatte, gehörte es, extrem schnell eine Waffe auseinander- bzw. zusammenzubauen. Er bewunderte die Technik ihrer Beherrschbarkeit, Intensität und Energie wegen. Fast alles außer der Beschleunigung und dem Unfall langweilte ihn. Und nun saß er fest.

Er wollte nicht aufgeben und wußte, daß er dieses Mal nicht mit Haftverschonung rechnen konnte. Andreas Baader war nichts ohne seine Truppe. »Allein sein heißt für den Dandy nichts sein.«[34] Der Druck nach innen mußte so stark sein, daß keiner seiner Mitgefangenen auf die Idee kam auszusteigen. Baader hatte als Chef dafür zu sorgen, daß sich in den eigenen Reihen nicht die Einsicht breitmachte, der Staat habe gesiegt. Jedes Nachdenken über das Scheitern des bewaffneten Kamp-

---

34 Albert Camus, Der Mensch in der Revolte, S. 45.

fes wurde als Verrat betrachtet. Darauf stand die Todes-
strafe. In den folgenden Jahren der Haft gelang es der
RAF, ein ausgeklügeltes Informations- und Kommuni-
kationssystem nach außen wie auch nach innen aufzubauen. Vor allem ihre Anwälte standen immer wieder
unter Verdacht, Kassiber zu schieben.[35] Vergleicht man
die Zellenzirkulare Baaders aus den siebziger Jahren mit
den Briefen, die er Ende der sechziger Jahre geschrieben
hat, als er wegen des Kaufhausbrandes einsaß, so fällt
sein deutlich veränderter Schreibstil auf. Die Briefe waren handgeschrieben – Baader hatte eine verblüffend
runde, flüssige Schrift – und in einem eher freundschaft-
lichen Ton gehalten. Er gibt zu, daß er unter der Haft leidet, wenn er am 17. 4. 1968 an die K I schreibt: »Depres-
sionen, Ärger mit dem Personal und ScheißNächte.«[36]
Er zeigt Anflüge von Humor, schickt Grüße, benutzt die
Groß- und Kleinschreibung, unterschreibt mit Andreas.
Die Zellenzirkulare dagegen sind auf der Maschine ge-
tippt. Er schreibt konsequent klein, unterzeichnet mit
»a.«. Dieses »a.« sieht aus, als sei es Teil einer Formel.

---

35 »Von Juli bis Oktober waren bei Baader ›an die 1000 Stun-
    den‹ (so ein Vollzugsbeamter) Verteidiger zu Besuch –
    mitunter von morgens neun bis zum Dienstschluß am frü-
    hen Abend. Gudrun Ensslin wurde in Köln-Ossendorf in
    einem Monat neunmal und meist fünf Stunden lang von
    Anwälten besucht, bei Horst Mahler in Berlin kamen sie
    mitunter fünfmal am Tag.« Baader-Meinhof: »Finster
    schaut's aus, Der Spiegel, Nr. 49, 2. Dezember 1974,
    S. 27–30, Zitat S. 30.
36 Andreas Baader an K1 am 14. 4. 1968, in: Akten der K I
    im Hamburger Institut für Sozialforschung.

Außer Haß auf alles findet man darin keine Hinweise auf persönliche Befindlichkeiten. Es handelt sich um häufig kurze Mitteilungen, um Befehle, die den Empfänger wie ein Peitschenschlag treffen sollen. Er duldete keinen neben oder über sich. Die Rechtsanwälte hatten ihm zu gehorchen, nicht ihn zu beraten.[37] Die Kassiber, die die einzelnen Gruppenmitglieder untereinander tauschten, waren in Gossensprache abgefaßt. Baader scheint Gefallen daran gefunden zu haben, Gudrun Ensslin und Ulrike Meinhof gegeneinander aufzustacheln. Es muß für ihn befriedigend gewesen sein, daß die studierte und sprachgewandte Ulrike Meinhof seinen wüsten Jargon übernommen hatte. Die Frau, die einst mit spitzer Feder die Politik der Bundesrepublik kritisiert hatte, schlug sich nun seitenlang mit dem Problem des »Votzenchauvinismus« herum. Damit war ihre Konkurrenz zu Gudrun Ensslin gemeint. Die saß in ihrer Zelle, die als »Sekretariat« bezeichnet wurde, und schrieb kitschige Texte über ihr Baby. Sie war seine emsig tippende Hohepriesterin, die »wie eine Kobra« (Bommi Baumann) darauf achtete, daß ihm alle gehorchten. Immer wieder ist

---

37 Am Umgang mit Rechtsanwalt Hans Christian Ströbele wird deutlich, daß es zu Baaders Stärken gehörte, die Schwächen des anderen zu erkennen. Ströbele ist heute ein Politiker, der sich gerne in den Vordergrund drängt, wenn es darum geht, in die Zeitung oder ins Fernsehen zu kommen. Baader hatte diese eitle Seite an ihm blitzschnell ausgemacht und ihn für die Pressearbeit entdeckt. »das ist stroebeles job – weil der immer so gerne mit den sternschweinen kunkelt«, Andreas Baader am 26. März 1974.

darüber gerätselt worden, wie sich der machohafte Gestus Baaders mit der hohen Präsenz von Frauen in der RAF vereinbaren läßt. Es ist auffällig, daß die Frauen »eine besonders starke Affinität zumindest zum Waffenbesitz – wenn nicht sogar zur Waffenanwendung – an den Tag gelegt haben«.[38] Baaders Geheimnis seiner Macht über Frauen ist, daß er deren phallische Wünsche ernst nahm. »Gudruns Waffe hatte eine silbrige Färbung. Weil ich so etwas noch nicht gesehen hatte, sagte ich: Du, was ist das für eine, und sie sagte: 'ne 38. Ich sagte: Das gibt's doch nich, in Silber. Da sagte Baader: Ja, die Votzen haben alle etwas Silbriges oder etwas Glänziges.«[39] Baader forderte die Frauen auf, sich zu bewaffnen, und gab dennoch nichts von seiner Potenz ab. Mit seinem analytischen, kalten Blick durchschaute er die »konsequenz der strukturen« und konnte das gesamte Weltgeschehen erklären. Wer so viel sieht und so erhaben ist, der leidet Schmerzen. Die Schmerzen rechtfertigen den gewaltsamen Exzeß. Er benutzte bis zu seinem Tod regelmäßig Aufputsch- und Beruhigungsmittel. Die Protokolle der Wärter in Stammheim verzeichnen fast jede Nacht den Wunsch des Gefangenen Baader nach Schlafmitteln. Durch Drogen versuchte er sein Denken zu beschleunigen oder auszuschalten. Er redete nächtelang ununterbrochen »von Adam und Eva bis Josef Stalin«, wie Bommi Baumann berichtet. »In den Mundwin-

---

38 Wolfgang Kraushaar, Die Aura der Gewalt, S. 243.
39 Hans-Peter Konieczny, »Paß auf, hier hat's 'ne Menge Bullen«, Der Spiegel, Nr. 42, 9. Oktober 1972, S. 36–52, Zitat S. 41.

keln standen ihm Speicheltropfen. Fast ständig raufte er sich beim Reden die Haare, zog rechts und links über den Schläfen an den blondierten Strähnen.«[40] Im Gefängnis begann er Texte zu produzieren, die ihm ähnlich destruktive Machtgefühle verschaffen sollten wie zuvor das Morden und Bomben. Seine Texte waren das Ergebnis extensiver Lektüre. Auf seiner Literaturliste vom Mai/Juni 1974 finden sich »Lenin, Marx, Krippendorff, davis, Mao, che guevara, stalin, clausewitz, Malaparte (Staatsstreich), Trotzki, Foucault«. Seine Mutter machte sich nicht nur Gedanken um die Länge seiner Haare, sondern bat immer wieder darum, ihm Verlagsprospekte zuzuschicken, weil er so gerne darin »stöbere«. Baader las regelmäßig die Zeitschrift »Wehrtechnik«, ließ sich Bücherregale aufstellen. Nach seinem Tod zählte man 974 Bücher in seiner Zelle. Er knallte sich den Kopf voll mit revolutionstheoretischen Schriften aus allen Zeiten und den unterschiedlichsten Gegenden der Welt. Sein Denken war strikt schwarz-weiß, es existierten die Schweine, und es gab die RAF. Baader glaubte qua seiner terroristischen Taten auch einen Beitrag zur Revolutionsliteratur leisten zu können. Verzweifelt versuchte er, den Schriften ihren geheimen Sinn zu entreißen, und scheiterte dabei kläglich. Baaders Texte sind ein unsinniges epigonales Gestammel, der pure Ausdruck seiner Hybris. Auch wenn von seiten seiner Unterstützer der Mythos genährt wurde, die Herrschenden wollten die Verbreitung von Texten der RAF verbieten, weil sie deren Gehalt fürchteten, so wurden diese Bücher nie wirk-

---

40 Stefan Aust, Der Baader-Meinhof Komplex. Erweiterte und aktualisierte Ausgabe, München 1998, S. 205.

lich wichtig oder wirkungsmächtig, denn sie sind »vom tristesten Mittelmaß gezeichnet«.[41]

Die Kälte war eine der Voraussetzungen der Herrschaft des Dandys Baader. »Ich denke, wir werden den Hungerstreik diesmal nicht abbrechen, das heißt, es werden Typen dabei kaputtgehen«,[42] schrieb er über den dritten Hungerstreik, der ein Todesopfer forderte. Menschen wurden von ihm wie Steine bei einem Brettspiel eingesetzt, immer wieder betonte er die Härte, die der politische Kampf voraussetzt. Für ihn selbst scheinen andere Bedingungen gegolten zu haben. So weiß man mittlerweile, daß Baader und Ensslin während des langen Hungerstreiks 1974/75 aßen. Er verstand sich selbst als Front, als vorderste Kampflinie. Es ging nicht mehr nur um eine dandyistische Selbstdarstellung in bewußter Absetzung von der Gesellschaft. Baader ging weiter und setzte seinen Körper gegen die Gesellschaft. In einem seiner Zellenbriefe schreibt er: »denn das ist klar: n typ, der sich über monate auf seinen tod zu bewegen kann, bewußt wie ein projektil die zum äußersten entschlossene waffe seiner politik (unserer), ist ein guerilla, *kann* mit dieser erfahrung – wenn er ehrlich war – kämpfen unter allen bedingungen und sicher ohne jede verzweiflung.«[43] Ulrike

41 Hans Magnus Enzensberger, Mittelmaß und Wahn. Ein Vorschlag zur Güte, in: ders., Mittelmaß und Wahn. Gesammelte Zerstreuungen, Frankfurt am Main 1989, S. 250–276, hier S. 275.

42 Andreas Baader, zit. nach Der Spiegel, Nr. 47, 18. November 1974, S. 33.

43 Andreas Baader, zit. nach das info. Briefe der Gefangenen aus der RAF 1973–1977, hrsg. von Pieter Bakker Schut, S. 205.

Meinhof hatte beim ersten Hungerstreik 1973 den Ton angeschlagen, ohne den die weitere Erfolgsgeschichte der RAF nicht zu denken ist: »das Gefühl, es explodiert einem der Kopf [...] – das Gefühl, es würde einem das Rückenmark ins Gehirn gepresst [...] – das Gefühl, man stünde, unmerklich, unter strom«,[44] und später: »Der politische Begriff für den toten Trakt, Köln, sage ich ganz klar, ist das Gas. Meine Auschwitzphantasien da drin waren [...] realistisch.«[45] Meinhof, die als junge Frau durch eine Sophie-Scholl-Frisur zu beeindrucken wußte, mobilisierte mit ihrem Opferneid eine breite Unterstützerszene.[46] Baader begriff, daß der Körper eine Waffe sein konnte. Andreas Baader setzte das »Kriegsrecht des Körpers« gegen das »Strafrecht des Staates«. In seinem bereits zitierten Zellenzirkular vom 27. November 1974 schreibt er, daß der Hungerstreik gemäß der IRA die »heiligste waffe« sei. Es mußte gelingen, eine breite Nachkommenschaft der RAF zu zeugen, indem man die Körper der Gefangenen öffentlich leiden und martern ließ. Die Hungerstreiks und der Vorwurf der Isolationsfolter bescherten der RAF eine breite Unterstützerszene, sorgten für Mitgefühl bei den kritischen Intellektuellen und für Nachwuchs im bewaffneten Kampf. Baader war der strategische Kopf des Ganzen. »Sosehr ihn die Gefangenschaft quält, er kann besser

---

44 Ulrike Meinhof, zit. nach Koenen, Vesper, Ensslin, Baader, S. 324.

45 Ulrike Meinhof, zit. nach das info, S. 21.

46 Ulrike Meinhof hatte ein Jahr zuvor die Geiselnahme und den Tod israelischer Sportler auf der Olympiade in München durch ein Palästinenserkommando als »materielle Vernichtung von imperialistischer Herrschaft« gefeiert.

damit umgehen als die anderen RAF-Häftlinge, und das ist kein Wunder: Sein ganzes Wesen, seine psychische Konstitution und seine Wachsamkeit sind seit jeher auf ein Leben im permanenten Ausnahmezustand eingerichtet.«[47] Er machte die Täter zu Opfern und ging davon aus, daß die Linke sich noch immer an Stalins Vorgaben aus den dreißiger Jahren halten würde. Antikommunismus und Antifaschismus sind unvereinbar, wer die Kommunisten kritisiert kann nur Faschist sein.[48] Für die Nachkriegszeit bedeutete das noch immer, daß, wer die Verbrechen der Kommunisten benannte, Gefahr lief, sich des Vorwurfs auszusetzen, daß er nur von den Verbrechen der Nazis ablenken wolle. Diese stalinistische Doktrin ist der deutschen Linken in Fleisch und Blut übergegangen, sie übersah denn auch bereitwillig die Verbrechen der RAF, aus Angst, dadurch der Rechten in die Hände zu arbeiten. Damit ging Baaders Rechnung auf; die »Antifaschisten« hielten zu ihnen.[49] Die Selbstdeutungen, die die RAF aus dem

---

47 Dorothea Hauser, Baader und Herold. Beschreibung eines Kampfes, Berlin 1997, S. 210.

48 »Daher auch die wahllose Verwendung des Begriffs ›Faschist‹ im offiziellen Sprachgebrauch jener Zeit. Die Faschisten müssen überall sein, da sich die Kommunisten überall definieren müssen.« Der Antifaschismus Stalins beinhaltet, »daß jeder Gegner und jeder Kritiker der UdSSR unweigerlich der Sache Hitlers dient«. François Furet, Das Ende einer Illusion. Der Kommunismus im 20. Jahrhundert, München/Zürich 1998, S. 359f.

49 In den bislang vorliegenden Analysen geht es ausschließlich um die Verbindung der RAF und ihrer Mitglieder mit der nationalsozialistischen Vergangenheit. Wie groß der Anteil der Geschichte der deutschen Linken und des Sta-

Gefängnis heraus verbreitete, waren außerordentlich wirkungsvoll. Die Empathie der sich als kritisch verstehenden Öffentlichkeit wurde von den Mordopfern der RAF abgezogen und galt statt dessen den Tätern, also den Inhaftierten. Ein Meilenstein in der Rekrutierung neuer Mitglieder war der Hungertod des Holger Meins. Während die Bilder von der erhängten Gudrun Ensslin oder dem erschossenen Andreas Baader bis heute fast nie veröffentlicht werden, sorgte die Unterstützerszene dafür, daß das Bild vom toten Holger Meins in Umlauf kam. Das Foto des Hungerstreiktoten wurde wie ein Mahnmal im Kampf gegen den Staat behandelt. 1997 gilt der *taz* der Tod von Holger Meins noch immer als »Zäsur« im Verhältnis zur Gesellschaft, und Horst-Eberhard Richter übernimmt in einer Veröffentlichung von 1996 die Deutung der Terroristin Birgit Hogefeld, nach der der tote Meins Ähnlichkeit mit KZ-Häftlingen gehabt habe. Dadurch wiederum wird eine assoziative Verbindung zwischen der Barbarei der Nationalsozialisten und dem Leiden der inhaftierten RAF-Gefangenen in Gang gesetzt. Der geneigte Leser soll daraus schließen, daß der junge, aufrechte Mensch sich sofort gegen dieses Unrecht in einer Unterstützergruppe engagierte. Daß er dann irgendwann selbst zum Mörder wurde, hat demnach seine eigentliche Ursache in

---

linismus daran ist, hat bis jetzt keine Berücksichtigung gefunden. Vgl. zum Einfluß der Komintern auf die KPD der zwanziger und dreißiger Jahre: Karin Wieland, »Totalitarismus« als Rache. Ruth Fischer und ihr Buch »Stalin and German Communism«, in: Alfons Söllner, Ralf Walkenhaus, Karin Wieland (Hg.), Totalitarismus. Eine Ideengeschichte des 20. Jahrhunderts, Berlin 1997, S. 117–138.

der deutschen Geschichte, sprich: er ist unschuldig und handelte gar aus höheren Motiven. Diese Deutungsgeschichte hält bis heute an. Es ist der RAF gelungen, die Geschichte der vernichteten Juden für ihre Zwecke zu nutzen. Mit einer besonderen Sensibilität gegenüber der deutschen Vergangenheit oder dem Ende des Beschweigens des Holocaust hat dies nichts zu tun. Es handelt sich dabei um eine wohlkalkulierte Strategie, die allein der Absicht folgt, Nachfolger für den bewaffneten Kampf zu finden. Das gelang: Auf den Tod der ersten folgten eine zweite und dritte Generation Terroristen.

Der dandyistische Ich-Kult von Andreas Baader endete in einer Art Hysterie. Charles Baudelaire wußte, daß der Dandy, der seiner Affinität zum Verbrechen erliegt, auch seine vornehmste Eigenschaft, nämlich die der Selbstbeherrschung, verliert. Die im dandyistischen Kult gesteigerte Subjektivität verkehrt sich in ihr Gegenteil und wird zur unentrinnbaren Gewißheit der eigenen Nichtigkeit und des Untergangs. Andreas Baader wurde am 18. Oktober 1977 erschossen in seiner Stammheimer Gefängniszelle aufgefunden.

a. hatte sich durch einen Schuß in den Kopf getötet.

Jan Philipp Reemtsma

Was heißt »die Geschichte der RAF verstehen«?

Die Zwei; Hogefeld und Richter

In ihrem »Schlußwort der Angeklagten« vor der Urteilsverkündung hat sich die dann zu lebenslanger Haft verurteilte Birgit Hogefeld bei dem Psychoanalytiker Horst-Eberhard Richter für seine Bemühungen, ihre Lebensgeschichte zu verstehen, bedankt, auch wenn sie mit seinem Vokabular nichts anfangen könne: »Formulierungen wie ›paranoide Position‹ gehören nicht zu meiner Begriffswelt – und auch wenn ich H. E. Richters einseitige Zuweisungen für verkürzt halte – geben sie mir Impulse für ein Nachdenken über die Gründe für meine bzw. unsere lange Zeit eingeengte Denkweise und reduzierte Wahrnehmung der Welt.«[1] Dies ist ein informativer Sprechakt. Inhaltlich ist er merkwürdig. Man sollte meinen, daß jemand, dem solche Terminologie nicht geläufig ist, mit einer Charakterisierung à la »paranoide Position« nicht nur nichts anfangen kann, sondern zunächst einmal beleidigt ist. Aber: sie will darüber brav

---

1 Birgit Hogefeld, »Vieles in der Geschichte ist als Irrweg anzusehen«. Das Schlußwort der Angeklagten, in: Versuche, die Geschichte der RAF zu verstehen. Das Beispiel Birgit Hogefeld (o. Hg.), Gießen 1996, S. 143.

nachdenken. Sie nimmt Richters Angebot, sie verstehen zu wollen, an und dafür in Kauf, daß sie nicht weiß, was da eigentlich verstanden werden soll und wie.

Das kann sie darum tun, weil Richters Angebote an sie sehr weit gehen. Zwar billigt er natürlich weder die Verbrechen der RAF, noch idealisiert er auf den ersten Blick Hogefelds Lebenslauf, aber er übernimmt ihre Selbstdeutung weitgehend. Er macht deutlich, daß er bereit ist, Hogefeld so zu verstehen, wie sie das Gericht bittet, sie zu verstehen, und daß er bereit ist, über den Rest hinwegzusehen. Hogefeld sagt mit ihrem ansonsten nichtssagenden Satz eines: Sie erkennt Horst-Eberhard als ihren wahren Richter an, und der hat gleichsam versprochen, Gnade walten zu lassen, solange sie sich seiner Formulierungshoheit beugt.

Die Texte stehen in der »edition psychosozial« – vier Texte: Richter, Hogefeld, Richter, Hogefeld. Der erste Text Richters ist überschrieben mit »Birgit Hogefelds Versuch, die eigene Geschichte und diejenige der RAF zu verstehen«. Er formuliert die Vorab-Deutungen des folgenden Hogefeld-Textes »Zur Geschichte der RAF« und Prämissen für den gemeinsamen Blick auf diese Geschichte: »Birgit Hogefeld gibt ausführlich autobiographisch darüber Auskunft, wie sie das Verschweigen der Nazi-Schuld in ihrer Familie erlebte, wie sie sich von den Eltern abgrenzte, wie sie innerhalb der 68er-Bewegung zunächst zu sozialem Engagement für türkische Kinder und selbstorganisierte Jugendliche gelangte, bis sie über die ›Rote Hilfe‹ schließlich Anschluß an die RAF fand […] Das Unheimliche liegt eben darin, daß diese Menschen eben ursprünglich keine verrückten Sonderlinge waren, sondern unauffällige Ju-

101

gendliche [...] Sie nahmen wie zigtausend andere an den
68er Protesten teil, die ihnen als Vermächtnis der Nazi-
Opfer auferlegt schienen [...] Warum schlug bei diesen
die Identifizierung mit den Opfern der Nazi-Verbrechen
und der Napalm-Bombardements in Vietnam in eigene
eskalierende Militanz um?«[2] Wie konnte es dazu kommen? fragt auch Hogefeld: »Wie konnte es dazu kommen, daß Menschen, die aufgestanden waren, um für
eine gerechte und menschliche Welt zu kämpfen, sich so
weit von ihren ursprünglichen Idealen entfernten?«[3]
Und ihre Antwort ist ungefähr dieselbe, die Richter
schon andeutet: »Daß das so ist, hat seine Gründe in der
gesellschaftlichen Situation, aber auch in der Geschichte
dieses Landes, in deren Schatten wir aufgewachsen
sind.«[4] Hogefeld zitiert dann aus einem Brief, in dem
von ihrer Kindheit in einem Dorf die Rede ist, das in
der Nähe eines Kriegsgefangenenlagers und der Mord-
anstalt Hadamar lag, und davon, daß diese Orte auch im
Nachkriegsgespräch, wenn auch im geflüsterten, prä-
sent waren. Sie sehe, so Richter in seinem zweiten Text,
»20 Jahre mit der RAF«, »die Last, die ihr durch das
Verschweigen der Älteren aufgebürdet wurde, als prägend für ihr gesamtes Leben an«.[5]

---

2 Horst-Eberhard Richter, Birgit Hogefelds Versuch, die
   eigene Geschichte und diejenige der RAF zu begreifen, in:
   ebenda, S. 15 ff.
3 Birgit Hogefeld, Zur Geschichte der RAF, in: ebenda,
   S. 23.
4 Ebenda, S. 26.
5 Horst-Eberhard Richter, 20 Jahre mit der RAF, in: ebenda,
   S. 66.

In diesem scheinbar aus Hogefelds Erinnerungen gezogenen Verständnisangebot an sie und die richtende Umwelt liegt Horst-Eberhard Richters Anspruch auf Deutungshoheit. Gewiß, es sei nicht sicher, aber doch »gut möglich, daß diese Frau einen ganz anderen Weg gegangen wäre, hätte sie in ihrem Dorf und zuhause eine offene Auseinandersetzung darüber erlebt, was in Hadamar mit den Behinderten geschehen war und was man dort hatte geschehen lassen«.[6] Zweifellos ist das möglich. Sicher ist aber, daß Hogefeld von einer Last, die ihr durch das Verschweigen der Älteren aufgebürdet wurde, nicht spricht, geschweige denn, daß sie sie als prägend für ihr gesamtes Leben ansähe. Im Gegenteil: Sie wundert sich, wie wenig das, was sie da bemerkt hat (oder nachträglich zu haben glaubt), einen Einfluß auf ihre Weltsicht gehabt habe.[7] Das muß ihr Richter nicht glauben, aber wenn er es nicht tut, muß er Gründe dafür angeben. Er tut aber so, als referiere er bloß Hogefelds Erinnerungen. Gemeinsamer Dienst am Klischee »68 und die Nazivergangenheit«.

Gleichfalls klischiert ist, was Hogefeld und Richter über die angeblich mentalitätsgenerierende Wirkung man-

---

6 Ebenda, S. 66.

7 »Gerade vor dem Hintergrund solcher Erfahrungen ist es heute schwer nachvollziehbar, daß wir genauso wie andere linke Zusammenhänge zu einem Faschismusbegriff kommen konnten, in dem Faschismus in erster Linie als über der Gesellschaft stehende, den Kapitalinteressen dienende Herrschaftsstruktur gesehen wurde. Dabei hätten doch gerade wir das aus unserem eigenen Leben besser wissen können.« (Hogefeld, Geschichte der RAF, S. 28)

cher Bilder sagen – Hogefeld: »Das Bild des toten Holger
Meins werden die meisten, die es kennen, ihr Leben lang
nicht vergessen – sicher auch deshalb, weil dieser ausge-
mergelte Mensch so viel Ähnlichkeit mit KZ-Häftlingen,
mit den Toten von Auschwitz hat […] bei diesen Bildern
haben sich solche Assoziationen aufgedrängt«[8]; Richter:
»Die Brücke zwischen Bildern der Auschwitz-Opfer
[…] und des verhungerten Holger Meins markiert die assoziative Verbindung zwischen Nazi-Greueln […] und
dem Haft-Elend der RAF-Gefangenen.«[9] Das assoziiert
man, wenn man die Parallele vorher bereits gezogen hat.
Wenn nicht, erinnert das bärtige Gesicht von Meins an alles mögliche, nur nicht an ein KZ-Opfer. Hogefeld wie
Richter stellen eine in legitimatorischer Absicht behaup-
tete Ähnlichkeit als ebenso notwendig wie absichtslos
hin.

Hogefeld und Richter stimmen ferner im Verständnis der Geschichte der RAF insofern überein, als sie der
Selbstisolierung der Gruppe gegenüber der übrigen weniger bis gar nicht militanten Linken der Bundesrepublik
Deutschland großes Gewicht beimessen und für eine be-
klagenswerte Entwicklung halten, die auch anders hätte
verlaufen können und dann andere Folgen gehabt hätte.
In Hogefelds Andeutungen, wie denn eine solche größere
Nähe bei Beibehaltung der auf Mord, Raub und Erpres-
sung ausgerichteten Aktivitäten der RAF hätte aussehen können, findet sich natürlich nichts Konkretes, denn
eine solche Vorstellung ist ein wenigstens ebenso großes

8 Ebenda, S. 32.
9 Richter, 20 Jahre mit der RAF, S. 60.

Phantasma wie die Idee der RAF gewesen war, ihre Verbrechen hätten die Massen begeistern können. Eine RAF, die Teil der nicht mordenden Linken gewesen wäre, wäre nicht die RAF gewesen, und die RAF wurde nicht gewalttätig, weil sie isoliert war, sondern isolierte sich, weil sie anfing, Bomben zu legen und Menschen zu töten. Die Möglichkeit, daß die RAF andere Ziele hätte verfolgen können, dann also auch nicht mehr dem Namensprogramm einer bewaffneten Avantgarde im Klassenkampf gefolgt wäre, kurz: einfach gar nicht dagewesen wäre, erwägt sie nicht, denn dann gäbe es auch nichts mehr zu sagen. Für Richter ist die Selbstisolierung der RAF ein »Lehrbuchfall einer ans Psychotische grenzenden Gruppenpathologie«, die er wie folgt beschreibt: »Eine leidenschaftliche masochistische Identifizierung mit den Opfern von Unterdrückung und Gewalt verwandelt die Welt in ein einziges Verfolgungsszenario. Am Anfang melden sich Impulse zu helfen, zu retten und zu heilen – deshalb Unterstützung von verelendeten gesellschaftlichen Randgruppen, dann Umschlag von unerträglichen Ohnmachtsgefühlen in eine Eruption von Haß und archaischen Racheimpulsen, die als revolutionäre Befreiungsbewegung rationalisiert werden [...] Das persönliche Gewissen der einzelnen, das zu Beginn in leidenschaftlicher Anteilnahme am Schicksal der Elenden und der sozial Ausgegrenzten deutlich wurde, geht in der Rigidität der Gruppenideologie auf und erscheint nun in der Perversion als unerbittlicher Zwang zum mörderischen Kampf gegen die dämonisierten Spitzen des Systems.«[10] – Auch

10 Ebenda, S. 67.

diese Beschreibung deckt sich nicht ganz mit Hogefelds Selbstbeschreibung, denn Hogefeld spricht nur von einem ziemlich beliebigen Hin und Her zwischen der Arbeit in »selbstverwalteten Jugendzentren«, in »sozialen Brennpunkten« mit »überwiegend türkischen Kids«, dem Einsatz für Schülermitverwaltung, der Teilnahme an Fahrpreisdemos und dem Interesse für den Hungerstreik inhaftierter Mitglieder der RAF, kurz: einer diffusen Haltung des »irgendwas machen«. Hogefeld betont die Bedeutung, die der Tod von Holger Meins für sie gehabt habe, aber ebenso, daß »es von Anfang an eine weitgehende Zustimmung zur Politik der RAF« gegeben habe:[11] »Dann der Mord an Ulrike Meinhof«, fährt sie in ihrem Text von 1995 fort, »das war alles vorauszusehen«,[12] und auch die Selbstmorde von Stammheim gelten ihr weiterhin als Morde.[13] Was es eigentlich für Hogefelds Versuch, sich selbst und die Geschichte der RAF zu verstehen, heißt, daß sie immer noch innerhalb jenes Weltbilds agiert, das Richter als »paranoid« kennzeichnet, ist für den Deuter kein Problem – wohl aber für denjenigen, der seinerseits den Deutungsprozeß verstehen will: Ist die Verführungskraft durch das Versprechen, Verständnis zu haben, so groß, daß die Kennzeichnung »paranoid« ohne erkennbare Anzeichen von Kränkung hingenommen wird, so ist andererseits auch die Verführungskraft durch das Angebot, Kronzeugin für das Weltbild Richters zu sein, groß genug, daß er die Kennzeichnung »para-

---

11 Hogefeld, Zur Geschichte der RAF, S. 33.
12 Ebenda.
13 Vgl. ebenda, S. 41.

noid« einfach vergißt, als bedeute sie nichts für die Bewertung der Quelle, aus der das zu deutende Material stammt.[14]

Besonders irritierend wird diese Nähe von Deuter und Gedeuteter, Verstehendem und Verstandener, wenn es um die Bewertung von Verbrechen der RAF geht. Hogefeld spricht von der Ermordung von Edward Pimental, wobei sie das Wort »Mord« nicht sagen kann: Sie halte »die Erschießung des US-Soldaten für eine der schlimmsten Fehlentscheidungen in der RAF-Geschichte. Eine solche Aktion: 1985 hier einen einfachen GI der US-Armee zu erschießen, um an dessen Ausweis zu kommen, ist mit revolutionärer Moral und revolutionären Zielen nicht vereinbar.«[15] Man könnte fragen: warum eigentlich nicht? Die Erklärung der RAF vom 25. August 1985 begründet recht genau, warum »eine solche Aktion« sehr wohl mit der Art revolutionärer Moral, für die die RAF stand, vereinbar ist,[16] und Hogefeld macht nicht klar, was

***

14 »[...] es ist ja auch eine Tatsache, daß durch unseren Kampf vieles davon an die Oberfläche befördert worden ist – Mord an Gefangenen, Ausnahmezustand, Killfahndung, 1977 die Forderung von führenden Politikern während der Schleyer-Entführung, Gefangene in einer öffentlichen Inszenierung hinzurichten.« (Ebenda, S. 40)

15 Ebenda, S. 22.

16 »Wir haben Edward Pimental erschossen, den Spezialisten für Flugabwehr, Freiwilliger bei der US-Army und seit drei Monaten in der BRD, der seinen früheren Job an den Nagel gehängt hat, weil er schneller und lockerer Kohle machen wollte, weil wir seine ID-Card gebraucht haben, um auf die Air-Base zu fahren. Für uns sind die US-Soldaten in der BRD nicht Täter und Opfer zugleich, wir haben

sie gegen eine solche Rechtfertigung einzuwenden hätte. Gleichwohl dissentiert sie, und auch Richter hebt das hervor: »Zu einem zentralen Kritikpunkt macht Birgit Hogefeld […] die Erschießung des US-Soldaten Edward Pimental. Einleuchtend ist ihre Weigerung, in dieser Tat nur einen ›politischen Unfall‹ zu erblicken. Vielmehr symbolisiert dieses Ereignis für sie die volle Absurdität der ›Denklogik‹, der die RAF Mitte der 80er Jahre anheimgefallen war. Den letzten Anschein der Verfolgung irgendeines positiven politischen Ziels eliminierte ein Mord, der zur bloßen Beschaffung eines Personal-Ausweises dienen sollte. Es war der Tiefpunkt einer Strategie der Menschenverachtung und geradezu ein Lehrbuchbeispiel für die Verinnerlichung einer Barbarei, gegen die man ursprünglich hatte zu Felde ziehen wollen.«[17]

Mit dem letzten Satz übernimmt Richter Hogefelds Bewertung. Das ist darum so besonders irritierend, weil Hogefeld zuvor die Ermordung Hanns Martin Schleyers explizit nicht erwähnt und die Entführung der Lufthansa-Maschine »Landshut«, zwar als »Fehler« bezeichnet, doch ausdrücklich anders, als Resultat schlimmer Umstände, gewertet wissen will: »den Soldaten wegen des Ausweises zu erschießen, drückt ein rein funktionales Verhältnis aus, degradiert diesen Menschen zum Objekt; ähnlich war es 1977 bei der Entführung der Lufthansamaschine. Auch da waren Menschen, Mallorca-Urlau-

---

nicht diesen verklärten, sozialarbeiterischen Blick auf sie […] alle müssen begreifen, daß Krieg ist – und sich entscheiden.« (Rote Armee Fraktion. Texte und Materialien zur Geschichte der RAF [o. Hg.], Berlin 1997, S. 344f.)

17 Richter, 20 Jahre mit der RAF, S. 65.

ber, zum Objekt gemacht worden. Aber 1977 wurde in einer Zwangssituation gehandelt: Schleyer war entführt, und die Bundesregierung lehnte die Freilassung der Gefangenen ab und setzte auf einen Fahndungserfolg. Das war der Rahmen, in dem damals die Entscheidung für die Flugzeugentführung getroffen worden war. [...] Eine ähnliche Zwangssituation hat es 1985 [...] nicht gegeben.«[18]

Was verblüfft, ist, daß Richter keinerlei Mühe darauf verwendet, zu thematisieren, daß Hogefeld – deren Versuch, die Geschichte der RAF zu verstehen, doch für ihn einzig aus dem Umstand heraus Gewicht bekommt, daß sie dieselbe Frage an diese Geschichte stellt, die er selbst stellt: wie es nämlich komme, daß einer nicht nur seine Ideale verrate, sondern jene Barbarei lebe, gegen die er einst seine Ideale gebildet habe – unverdrossen die anderen Mordtaten der RAF durch seine Formulierungen bagatellisiert.[19] Es verblüfft, daß Richter keinerlei Mühe darauf verwendet, zu fragen, wie es komme, daß Hogefeld zwar einen einzigen Mord, der auch bei ihm selbst

<hr>

18 Hogefeld, Zur Geschichte der RAF, S. 23 f.
19 Ohne Kenntnis des hier abgedruckten, am 16. September 2004 auf der Tagung »Das Phänomen der RAF« in der Evangelischen Akademie Arnoldshain gehaltenen Vortrags, aber in Antwort auf ein anläßlich dieses Vortrags gegebenes Interview mit der *tageszeitung* vom 16./17. Oktober hat Horst-Eberhard Richter meiner Interpretation der RAF und seiner Haltung gegenüber der Selbstdarstellung von Birgit Hogefeld – oder dem, was er meinte, dafür halten zu müssen – widersprochen. Wer sich ein diesbezüglich eigenes Bild machen möchte, sei auf die Quelle verwiesen: Horst-Eberhard Richter, Was bedeutet es, die RAF zu verstehen?, die tageszeitung, 27. 10. 2004.

militärtechnisch »Erschießung« genannt wird, kritisiert, insgesamt aber nach wie vor jene Barbarei, die zu verstehen ihr Text angeblich so bedeutendes Material liefere, vollständig verinnerlicht hat. Was bindet Horst-Eberhard Richter so sehr an das Objekt seines Verstehens, daß er die Haltung, aus der die Texte Hogefelds geschrieben sind, in so großem Maße verleugnen kann – daß seine Empathie sich unbewußt sogar auf den kruden Mangel an Empathie erstreckt, der sich in Ausdrücken wie »Erschießung« zeigt und dem Bedauern, man habe die Passagiere der »Landshut« als »Objekte« behandelt, und nicht: man habe sie, die eben keine Objekte waren und vor allem nicht als solche behandelt wurden, sondern als quälbare Subjekte, tagelang geschunden? Der Befund ist zu unangenehm, auch ethisch nicht neutralisierbar, als daß es erlaubt wäre, ihn auf die Formel von der *folie à deux* des alten Mannes mit der nicht mehr, aber doch vergleichsweise jungen Frau zu bringen – oder auf die vom anderen, besseren, Vater und der verlorenen Tochter, über die mehr Freude ist als über tausend Gerechte. Was die Gemeinsamkeit stiftet, ist das alles vielleicht auch, aber vor allem ist es wohl ein *gemeinsames Verleugnen* – und eine verleugnete Gemeinsamkeit im Verleugnen – der *Macht*.

Von »unerträglichen Ohnmachtsgefühlen«[20] spricht Richter und von dem »autodestruktiven Zirkel: Gewaltakt – Erfahrung von Ohnmacht – noch radikalere Militanz – zusätzliche Selbstisolierung«.[21] Von »Ohnmacht« als entscheidender Erfahrung redet Hogefeld bezeichnenderweise nicht, sondern stets davon, daß die anderen, vor

20 Richter, 20 Jahre mit der RAF, S. 67.
21 Ebenda, S. 65.

allem »der Staatsapparat«, sie und ihresgleichen nicht so gelassen hätten, wie sie gewollt hätten. Daß eine Verbindung von »Stadtguerilla und Basisarbeit« nicht möglich gewesen sei, habe an dem »hochgepuschten Apparat der politischen Polizei«[22] gelegen – nun ja, man kann es so formulieren: Wenn der Polizeiapparat die RAF in Ruhe gelassen hätte, könnte sie heute noch stadtteilbezogen Bomben legen und Geiseln nehmen. Vor allem aber sind es die Verhältnisse schlechthin: »ich konnte hier nicht leben«[23] – die »Sinnentleerung und Verknüpfung des Lebensinhalts mit materiellen Werten und Konsum«,[24] eine »Grundhaltung von großen Teilen der Gesellschaft und genauso von der Staatsseite aus […], die für andere Vorstellungen, Utopien und Lebensformen keinen Raum läßt«[25] – oder, bezeichnend in der Kuriosität der Formulierung: »Für jedes Ausbrechen aus dieser dumpfen Enge gab es innerhalb dieser Gesellschaft keinen Platz«[26] – schließlich, von Horst-Eberhard Richter wörtlich zitiert: »eine Jugend, die das Leben, das ihr vorgegeben und aufgezwungen werden soll, radikal ablehnt und nach neuen Orientierungen sucht, die anfängt, Lebensvorstellungen zu leben, bei denen die Menschen und ihre Bedürfnisse im Mittelpunkt stehen anstatt Geld, Konsum, Karriere und Konkurrenz, eine solche Jugend sollte es hier nicht geben«.[27] Hogefeld spricht nicht von Zielen und Ohn-

---

22 Hogefeld, Zur Geschichte der RAF, S. 25.
23 Ebenda, S. 33.
24 Ebenda, S. 27.
25 Ebenda, S. 34.
26 Ebenda, S. 33.
27 Ebenda, S. 34.

machtserfahrungen bei dem Versuch, sie zu realisieren, sondern von einer Lebenshaltung, die das Wir-oder-Sie als Prämisse setzt, aber gleichwohl den Anspruch vor sich her trägt, dieser kompromißlosen Abgrenzung wegen anerkannt und geliebt zu werden. Wenn das nicht der Fall ist, sind die anderen schuld.

Da Richter die Erfahrungen der Mitglieder der RAF umstandslos als Ohnmachtserfahrungen deutet, können ihm Erfahrungen der Macht nicht in den Blick geraten, oder anders: weil er diese nicht sehen will, deutet er im Dienste solcher Abwehr. Was bedeutet es denn, wenn ein Mensch so durch die Gegend läuft wie Hogefeld: eine geladene Pistole im Hosenbund, zwei Austauschmagazine sowie weitere 26 Schuß in loser Form bei sich tragend?[28] Ohnmacht kaum; allenfalls erfolgreich und drastisch kompensierte. Was haben denn die Aktionen der RAF mit Ohnmachtserfahrungen zu tun? Was war das Ziel im Fall Pimental? Einen US-Soldaten zu ermorden. Das gelang. Seinen Ausweis zu beschaffen. Das gelang. Auf das Gelände des Stützpunkts zu gelangen, um dort eine Bombe zu zünden. Das gelang. Diese Folge von Mord und Destruktion war eine Erfolgsserie, und die Erklärungen der RAF spiegeln die Empfindungen von Macht und Erfolg: »Wir haben heute mit dem Kommando George Jackson die Rhein-Main-Air-Base angegriffen […] Die Rhein-Main-Air-Base – größter Militärfrachtflughafen der US-Streitkräfte außerhalb der USA – ist eine Drehscheibe für Kriege in der 3. Welt von Westeuropa aus […] ›Niemals vor der ungeheuren Dimension der eigenen

---

28 Klaus Pflieger, Die Rote Armee Fraktion – RAF – 14. 5. 1970 bis 20. 4. 1998, Baden-Baden 2004, S. 174.

Ziele zurückschrecken!‹ [...] Für die Weltrevolution! RAF & Action Directe.«[29] Und was war es denn anders als eine *Demonstration von Macht*, als die RAF durch die Entführung Hanns Martin Schleyers die Bundesregierung zwang, den »Großen Krisenstab« einzuberufen – »Wir gehen davon aus, daß Schmidt, nachdem er in Stockholm demonstriert hat, wie schnell er seine Entscheidungen fällt, sich bemühen wird, sein Verhältnis zu diesem fetten Magnaten der nationalen Wirtschaftscreme ebenso schnell zu klären«[30] –, was war es denn anderes als *triumphale Machtausübung*, den Repräsentanten des westdeutschen Kapitalismus schlechthin als »Spindy« titulieren und in einen Schrank sperren, in Kofferräumen und Wäschekörben herumkutschieren, seine Verzweiflung auf Video aufnehmen und ihn schließlich nach Gutdünken ermorden zu können: »Wir haben nach 43 Tagen Hanns-Martin Schleyers klägliche und korrupte Existenz beendet. Herr Schmidt [...] kann ihn in der Rue Charles Peguy in Mulhouse in einem grünen Audi 100 mit Bad Homburger Kennzeichen abholen.«[31] RAF – das bedeutet nicht eine Kette von Ohnmachtserfahrungen, die zu weiteren Radikalisierungen führte, sondern *eine Lebensform, die Machterfahrungen mit sich brachte wie keine andere*; Machterfahrungen, an denen teilhaben konnte, wer sich, nicht »mit den Zielen« der RAF, sondern mit der *»Lebensform RAF«*, wie sie Hogefeld benennt: »Zustimmung zu der Radikalität des Bruchs und der Negation«,[32]

---

29 Die Rote Armee Fraktion. Texte und Materialien, S. 342 ff.
30 Ebenda, S. 271.
31 Ebenda, S. 273.
32 Hogefeld, Zur Geschichte der RAF, S. 33.

identifizierte. *Ein »Verstehen der Geschichte der RAF« muß darin bestehen, diese Lebensform zu verstehen,* eine Lebensform, die der RAF-Aussteiger Volker Speitel so charakterisiert hat: »Der Eintritt in die Gruppe, das Aufsaugen ihrer Norm und die Knarre am Gürtel entwickeln ihn dann schon, den ›neuen‹ Menschen. Er ist Herr über Leben und Tod geworden, bestimmt, was gut und böse ist, nimmt sich, was er braucht und von wem er es will; er ist Richter, Diktator und Gott in einer Person – wenn auch für den Preis, daß er es nur für kurze Zeit sein kann.«[33]

Richter offeriert Verständnis für Hogefelds Geschichte, indem er den Kern dieser Geschichte – Macht und Triumph – verleugnet. Täte er das nicht, die Geste des Verständnisvollen, der das Problem in der Wahl der falschen und unmoralischen Mittel für einen eigentlich moralischen Zweck sieht, wäre ihm unmöglich. Hogefeld ihrerseits räumt Richter Deutungsmacht über ihr Leben und die Geschichte der RAF ein: statt »in die Hände der Bundesanwaltschaft« soll in seine Hände »die Geschichtsschreibung über unsere Politik der 70er und 80er Jahre« gelegt werden.[34] Symbolisch kann er so über die Macht der RAF triumphieren – so siegt das bessere Deutschland der Friedensbewegung zugleich mit über das Helmut Schmidts und Hanns Martin Schleyers.

---

33 Volker Speitel, »Wir wollten alles und gleichzeitig nichts«. Ex-Terrorist Volker Speitel über seine Erfahrungen in der westdeutschen Stadtguerilla, in: Der Spiegel, Nr. 33/1980, S. 36.

34 Hogefeld, Zur Geschichte der RAF, S. 20.

Handlungsanalyse; Zwecke, Mittel etc.

Die Redeweise von den durch die Mittelwahl verfehlten Idealen geht davon aus, daß man bei der Analyse von Handlungen Ziele von Mitteln zu ihrer Erreichung unterscheiden könne. Das kann man auch – unter Umständen. Auf der Hand scheint eine solche Aufteilung in zwei Handlungsaspekte dort zu liegen, wo es um strategisches Handeln geht. Aber auch bei strategischem Handeln trifft man selten auf Zwecke, die unabhängig von ihren Mitteln sind, und Mittel, die dem, der sie wählt, so sehr nur Mittel sind, daß ein äquivalentes (gleich effektives und moralisch gleichermaßen akzeptables) ohne zu zögern ergriffen würde. Wer von A nach B will, nimmt – schon beim »meist« zögert man ja, sagen wir also: oft das schnellere Verkehrsmittel, doch (selbst alle Zusatzbenutzung wie Lesen, Schreiben, Essen, Schlafen beiseite gestellt) gibt es nicht das Moment des »Ich fahre ganz gern Bahn« oder »Ich hasse die Bundesbahn«? Wer kocht, will oft nicht nur ein Essen pünktlich fertig haben, sondern auch kochen; wer im Bundestag redet, will nicht nur die Gesetzesvorlage durchbringen (und sich einen Namen machen, sich für den Ausschuß empfehlen, im Fernsehen vorkommen), sondern, wenn er dies gut tun will, muß er es mögen oder zu mögen lernen. Natürlich: der Chirurg, der die Aderpresse anlegt, »will« nichts weiter als die Blutung stoppen, aber der Patient sollte darauf vertrauen können, daß er solchen Tätigkeiten etwas abgewinnt, denn nur der Chirurg arbeitet sorgfältig genug, dem es nicht nur nichts ausmacht, mit Gummihandschuhen in einem aufgeschnittenen, blutenden Körper herumzuhantieren, sondern der unter diesen Umständen auch noch gerne filigrane Tätigkeiten vollbringt. Viele Tätigkeiten muß man mögen, damit sie gelingen; viele Tätigkeiten werden gewählt, weil man sie mag, nicht weil man ihre Ergebnisse will. Das gilt zum Beispiel für die meisten Berufe, sofern sie denn gewählt sind.

Wann interessieren wir uns für eine Handlungsbetrachtung, die nach Zwecken und Mitteln sortiert? Ein Beispiel: Ein Chirurg wird gefragt, warum er so und nicht so geschnitten habe, und er wird antworten: weil ich das-und-das erreichen wollte und es mir unter den gegebenen Umständen das Beste schien. Niemand wird diese Art der Rechtfertigung aus methodischen Gründen bestreiten wollen. Das liegt aber nicht daran, daß man diese Handlung nicht auch anders beschreiben könnte, sondern am Beschreibungszweck: es geht darum, die Handlung in bestimmter Hinsicht zu beurteilen und darum, die Handlungsaspekte hervorzuheben, die dafür relevant sind. Wir wollen wissen, ob er professionell gearbeitet hat. Wir unterstellen den Handlungsgzweck der optimalen Patientenversorgung und prüfen die Qualität der dafür eingesetzten Mittel.

Wenn eines dieser Mittel in Frage gestellt werden kann, so ergeben sich Zusatzfragen: Hat der Chirurg sich bloß geirrt (im Rahmen des Zulässigen)? Hat er geschlampt? Ist er falsch informiert worden (Fehler bei der Anamnese)? Und so weiter. Alle diese Fragen stehen unter der nicht in Frage gestellten Grundannahme des Oberzwecks der optimalen Versorgung des Patienten. Erst dann, wenn irgend etwas im Frage-Antwort-Spiel der Untersuchung gravierend aus den Fugen gerät, ist es erlaubt, zu fragen, ob eigentlich alle Beteiligten diesen Zweck auch wirklich verfolgt haben. Etwa: Ein solcher

Fehler paßt gar nicht zu ihm! Oder: Alles andere hat er doch perfekt durchgeführt! Hier ändert sich die Art der Handlungsbetrachtung: es wird ein Bild des Handelnden entworfen, wie es sich in diesem Falle darstellt, und mit dem Bild verglichen, das man sich bisher von ihm gemacht hat. Man fragt nicht mehr, ob er ein taugliches Mittel zu einem gebilligten Zweck verwendet hat, sondern: Was für ein Chirurg (respektive Mensch) ist er? Und nicht mehr: Hat er sich in seinen Mitteln geirrt?, sondern: Haben wir uns in ihm geirrt?

Wenn es um Handlungslegitimationen geht, ist es rational im Sinne einer Konfliktersparung, die Frage nach der ganzen Person möglichst spät ins Spiel zu bringen. Anders gesagt: Handlungslegitimation ist ein Sprachspiel, zu dessen Regeln es (bei uns) gehört, möglichst lange davon abzusehen, daß Handlungen kommunikative Akte sind.

Nun ist aber eine Beurteilung von menschlichem Handeln unter dem Zweck-Mittel-Schema nur möglich, wenn Hintergrundannahmen darüber existieren, was »normales Verhalten« ist. Die oberste Hintergrundannahme heißt im Beispielfall: Ärzte setzen alles daran, ihre Patienten optimal zu versorgen – und dann gibt es noch ein gemeinsames Wissen darum, was das im jeweils konkreten Fall heißt. Ohne solche Hintergrundannahmen kann ich nicht einmal entscheiden, ob etwas überhaupt »Mittel zu einem Zweck« genannt werden kann oder sollte. Wenn jemand einem anderen den Schädel einschlägt und behauptet, er habe das getan, um eine dort sitzende Fliege zu treffen und leider habe er nur einen Hammer zur Hand gehabt, werde ich nicht zu dem Schluß kommen, er habe sich im Mittel vergriffen.

Desgleichen nicht, wenn jemand sich Turnschuhe kauft, um auf den Mond zu springen. Damit etwas ein Fehler genannt werden kann, muß es – darauf hat Wittgenstein hingewiesen – innerhalb bestimmter Margen vom Richtigen abweichen. Wenn einer an die Tafel schreibt, daß 2 plus 2 gleich 735 ist, wird man nicht sagen, er habe sich verrechnet. Da muß etwas anderes passiert sein. Desgleichen muß eine einigermaßen solide gemeinsame Vorstellung davon existieren, was ein Zweck ist und was nicht.

Von der Uneinigkeit darüber, wann etwas ein Zweck genannt werden kann, leben zum Beispiel die entscheidenden Kontroversen über die nationalsozialistische Vernichtungspolitik. Es geht um die Frage, ob der Massenmord an den europäischen Juden als verwerfliches Mittel zu Zwecken, die zwar auch nicht moralisch akzeptabel waren, sich aber im Rahmen dessen hielten, was man von skrupellosen Regimen zu erwarten gewohnt war (Ausplünderung, Vertreibung etc.), angesehen werden konnte, und ob der Massenmord nur etwas wie ein nicht-intendiertes Resultat war, weil bei der Durchführung dieses zwar verbrecherischen, aber dennoch im Rahmen konventionell verbrecherischer Regime erwartbaren Normalprogramms (a) zuviel aus dem Ruder gelaufen war und (b) die Exekutoren des dann einsetzenden Mordprogramms sich wesensmäßig so transformiert hatten, daß die Normalerwartungen an sie nicht mehr zu richten waren – oder ob man ebendiese mitteleuropäischen Normalerwartungen nicht einer Korrektur zu unterziehen hätte und man es eben einem Regime (und einer Bevölkerung) unter bestimmten Bedingungen zutrauen müßte, den planmäßigen Mord von Millionen nicht als Mittel zu etwas anderem, sondern als Zweck durchzuführen. Das

118

aber würde bedeuten, daß man seine die historischen Normalitäten und Erwartbarkeiten betreffenden Hintergrundannahmen ändern müßte. Im Grunde geht der, so nie ausgetragene, Streit genau um diese historisch-anthropologische Frage. Es geht in solchen Kontroversen nicht darum, ob man irgendwie *beweisen* kann, was Zweck und was Mittel gewesen ist und wie man das unterscheidet, sondern welche Annahmen man über menschliches Handeln *generell zu machen bereit* ist. Handlungsanalysen nach dem Zweck-Mittel-Schema tendieren dazu, in dieser Hinsicht konservativ zu sein, was manchmal sinnvoll sein kann, es meistens aber nicht ist. Handlungsanalysen nach dem Zweck-Mittel-Schema sind etwas für irritationsresistente Menschen, die Wert darauf legen, diese Eigenschaft zu pflegen.

Wie der Fall Horst-Eberhard Richter zeigt, kann diese Irritationsresistenz, die sich erhalten möchte, dazu verführen, Informationen, die wir über Menschen und deren Handlungen erhalten, nach Prokrustes-Manier den Erwartungen des eigenen Weltbildes anzupassen – nicht immer, aber manchmal eben doch, bis hin zu kruder Manipulation.

Nun hat aber »jedes sichtbare und in diesem Sinne äußere Verhalten des Menschen« auch immer »kommunikative Aspekte. Es sagt etwas darüber aus, was der Mensch *ist*. Er stellt sich, ob er will oder nicht, in seinem Verhalten dar und legt sich darin fest.«[35] Wenn wir Hand-

---

35 Niklas Luhmann, Die Gewissensfreiheit und das Gewissen, in: ders., Ausdifferenzierung des Rechts. Beiträge zur Rechtssoziologie und Rechtstheorie, Frankfurt am Main 1999, S. 334.

lungen analysieren, können wir diesen Aspekt nicht unberücksichtigt lassen, im Gegenteil: ohne diese Handlungsdimension verstehen wir im Grunde gar nichts. In jeder seiner Handlungen entwirft sich der Mensch, und wir können das Porträt des Menschen aus seinen Handlungen entwerfen.

Selbstexplikationen

Menschen entwerfen in ihrem Handeln nicht nur sich selbst (ob sie wollen oder nicht), teilen nicht nur mit (ob sie wollen oder nicht), wer sie sind, sondern haben auch bestimmte Vorstellungen von dem, wer und was sie sind, das heißt als was sie sich entwerfen. Wer einen Menschen verstehen will, wird selbstverständlich nicht dasselbe Bild zeichnen, das der von sich zeichnen würde, er kann, beziehungsweise wird oder muß ihn anders verstehen als der sich selbst. Stets aber muß er zur Kenntnis nehmen, wie denn eigentlich der Selbstentwurf des Anderen in dessen eigenen Augen aussieht, denn das Selbstbild eines Menschen ist ein wesentliches, vielleicht das wesentliche Instrument seiner Selbststeuerung. Auch dieses Selbstbild kommt in den Handlungen eines Menschen zum Ausdruck, etwa in dem, was er nicht für unter seiner Würde hält, aber es ist uns auch in Selbstexplikationen zugänglich, sofern diese vorliegen. Im Falle der RAF haben wir beides, wir haben sogar – und das ist bereits ein wesentliches Element des Bildes, das von ihren Mitgliedern zu entwerfen wäre – ein ausgesprochenes *Selbstexplikationsengagement*, anders gesagt:

ein Moment offensiven Narzißmus in der Präsentation gegenüber der Öffentlichkeit.

Bereits im April 1971, im Text »Das Konzept Stadtguerilla« wird das Thema angeschlagen, das später eine wesentliche kommunikative Komponente der »info« genannten Gefängniskassiber sein sollte: das Insistieren darauf, nicht verrückt zu sein, sondern die Illegalität, die Bereitschaft zu morden sowie die späteren Gefängnisaufenthalte als Prozeß psychischer Gesundung, besser gesagt, als eine Art kollektiver und individueller Wiedergeburt zu erfahren. »Der revolutionäre Zwangscharakter ist eine contradictio in adjecto – ein Widerspruch, der nicht geht. Eine revolutionäre Praxis unter den herrschenden Bedingungen – wenn nicht überhaupt – setzt die permanente Integration von individuellem Charakter und politischer Motivation voraus, d.h. politische Identität.«[36]

Außerdem kommt bereits in diesem Text eine erstaunlich affektive Besetzung des eigenen Todes zum Ausdruck. Emphatisch werden »ökonomistische« Ziele des revolutionären Kampfes zurückgewiesen. Sie seien nichts als »ökonomischer Dreck, weil es sich um sie nicht lohnt, den revolutionären Kampf aufzunehmen

---

36 Rote Armee Fraktion. Texte und Materialien, S. 28. Der folgende Satz widerspricht dem, er sagt, das habe mit »individueller Selbstbefreiung nichts zu tun«, sondern allein mit »revolutionärer Disziplin«, wobei Disziplin ja die Nicht-Integriertheit von individueller und politischer Motivation voraussetzt. Wahrscheinlich handelt es sich hier um den Kampf zweier Linien und zweier Textredaktionen. Aber es gibt diese Spannung auch noch in den Kassibern von Jan-Carl Raspe in Stammheim.

und zum Sieg zu führen, wenn ›Siegen heißt, prinzipiell akzeptieren, daß das Leben nicht das höchste Gut des Revolutionärs ist‹ (Debray)«.[37] Damit ist aber nicht die klassische Kritik am »Trade-Unionismus« gemeint, sondern die Vorstellung, der politische Kampf gehe überhaupt um materielle Güter. Die RAF redet so, wie Kleists Herrmann, für den ein das Engagement lohnendes Ziel erst dann eines ist, wenn es ganz sinnentleert ist. Solange nur für ein besseres Leben gekämpft werde, so die RAF, lohne der Tod nicht.

Aus diesen beiden Momenten der Selbstexplikation folgt mit einer gewissen ästhetischen Folgerichtigkeit das dritte: den Tod als Zielperspektive anzusehen, in dem sich die Wiedergeburt erst vollzieht. »Ohne den Rückzug in bürgerliche Berufe offen zu halten [...], also mit dem Pathos, das Blanqui ausgedrückt hat: ›Die Pflicht eines Revolutionärs ist, immer zu kämpfen, trotzdem zu kämpfen, bis zum Tod zu kämpfen.‹«[38] Erst im Tod kann der Revolutionär dieses Schlages sich und anderen beweisen, daß er wirklich einer gewesen ist.

Um das einen Monat später verfaßte Manifest »Über den bewaffneten Kampf in Westeuropa« (genannt »StVO«[39]), das mit einer gewissen Langatmigkeit den Schritt in die Illegalität theoretisch kontextualisieren will, gibt es Ärger, der später zu Protokoll genommen wird. 1973 schreibt Ulrike Meinhof: »ich hab da irgendwie keine lust die stvo zu zerfetzen – ist auch falsch, wenn du

---

37 Ebenda, S. 39.
38 Ebenda, S. 43.
39 Das Manifest war unter dem Titel »Neue Straßenver-
    kehrsordnung« publiziert worden.

sagst, das müsste nun jeder für sich machen. das ist doch gelaufen – als sie rauskam und wir sie scheisse fanden, schon weil sie so akademisch-ambitioniert, ml-gestelzt daherkommt. weil sie dekretiert: ohne theorie könnte die revolution nicht siegen, was klar verrat war/ist, denn raf heisst praxis, bewaffneter antiimperialistischer kampf und genau nicht: noch ne theorie […] der alte, der alles mögliche will, nur eins auf keinen fall: ein neuer mensch werden […] und: der letzte stand der theorie der raf soll immer ihre praxis sein.«[40]

Diese Praxis – die Volker Speitel später wie zitiert charakterisiert hat – wird dann der Öffentlichkeit annonciert, und man freut sich über den jeweiligen großen Knall: »Am Donnerstag, den 11. Mai 1972 […] hat das Kommando Petra Schelm im Frankfurter Hauptquartier des V. Armee-Corps der amerikanischen Streitkräfte in Westdeutschland und Westberlin drei Bomben mit einer Sprengkraft von 80 kg TNT zur Explosion gebracht […] Am Freitag, dem 12. Mai 1972 hat das Kommando Thomas Weisbecker im Polizeipräsidium in Augsburg und im Landeskriminalamt in München drei Bomben zur Explosion gebracht […] Im Hauptquartier der amerikanischen Streitkräfte in Europa in Heidelberg sind gestern abend, am Mittwoch, den 24. Mai 1972 zwei Bomben mit einer Sprengkraft von 200 kg TNT explodiert.«[41] – Und in einem »Tonbandprotokoll von dem Teach-In der Roten Hilfe in Frankfurt« heißt es kurz darauf: »Indem wir die

---

40 Pieter H. Bakker Schut (Hg.), das info. Briefe von Gefangenen aus der RAF 1973–1977. Dokumente, Hamburg 1987, S. 107 und 110.
41 Rote Armee Fraktion. Texte und Materialien, S. 145 ff.

revolutionäre Guerilla aufbauen, schaffen wir ein Instrument, das der Repression des Systems nicht ausgeliefert ist, das seine Handlungsfreiheit nicht aus der Toleranz des Systems bezieht.«[42]

Die Kassiber der RAF, die in Auswahl seit 1987 gedruckt vorliegen, dokumentieren, ich zitiere den Herausgeber, den »Kampf um einen kollektiven Politisierungsprozeß […] um politische Identität und persönliche Integrität gegenüber sich und anderen«,[43] sind also Auskünfte darüber, was ihre Verfasser sein wollen, Selbstexplikationen vor dem Auditorium eines esoterischen Zirkels, doch im Geiste des »möge doch alle Welt uns hören«, so wie die gewissenserforschenden protestantischen Tagebücher des 17. Jahrhunderts, die stets in die Predigt ausarteten – das Ganze aber vorgetragen in einem Stil, der signalisieren soll, daß man alle bürgerlichen Hemmungen, Grammatik etwa, verloren habe (»handlungsfreiheit beraubt ist natürlich nicht identität beraubt, nicht kampf aufgehört«[44]), und ansonsten natürlich funktioniert wie jede kollektiv gepflegte Stileigentümlichkeit: mit ihr kann man signalisieren, daß man dazugehört, daß man das Denken der Gruppe automatisch reproduziert und daß man eine Elite ist. Daß der Stil weder erlaubt, zu argumentieren, noch überhaupt Gedanken in eine gewisse Hierarchie zu bringen, daß er Textzusammenhänge nur noch durch assoziative Redundanzen schafft, dürfte ihm seitens der Schreibenden als Ausweis der Authentizi-

42 Ebenda, S. 150.
43 Bakker Schut, das info, S. 5.
44 Ebenda, S. 29.

tät des Transformationsprozesses gegolten haben, den sie für sich in Anspruch nahmen.

Diesen Transformationsprozeß könnte ein Ethnologe und Mythograph nach dem Muster der zerrissenen und reinkarnierten Götter à la Dionysos/Christus/Caligula/ Gandalf beschreiben wollen, man kann ihn aber auch verstehen als Festhalten an einer Grandiositätsvorstellung, die den Untersuchungsgefangenen durch das Zurexplosionbringen von soundso vielen Maßeinheiten TNT nicht mehr zu leben möglich war. Dort wie hier sollte etwas Altes in Trümmer gehen, damit etwas Neues – die Akteure selbst – leben könnten, und der Lebensbeweis war die Destruktion, die Explosion. Später wird es dann der Selbstmord sein, der den großen Knall bringen soll.

So klingt die Grundmelodie:[45]

»der ausgangspunkt der rede ist unsere handlung: in der bewaffneten aktion und im knast verkörpern wir die befreiung […] wörter, begriffe sind aktionen. aktionen sind begriffe. das heißt: in ihnen durchbrechen wir jedesmal die vielschichtige und festgefügte front, die sich die bourgeoisie mit ihren wirtschaftlichen, politischen und militärischen apparaten geschaffen hat.« (14f.) – »im guerilla [sind] mittel und ziel in eins gesetzt« (268) – »wir haben gesagt, im langdauernden krieg bildet sich die neue gesellschaft (um die guerillaarmee + schliesslich die reguläre armee) um die revolutionäre partei, ihre werte, ihren *neuen menschen* – während das *alte* (und damit mal sicher die produktivität dieser maschinerie) zerrüttet + schliesslich zerstört, besiegt, schlägt, *aufhebt*. nichts sonst.« (217) – Was da zerstört werden soll, ist die Restmenschheit, insofern sie nicht zum esoterischen Zirkel gehört oder zur

_____

45 Die folgenden Zitate alle aus Bakker Schut, das info.

Gruppe der Kriminellen und Wahnsinnigen:[46] »der konsument das ding, die ware, nicht tier noch mensch« (15); beziehungsweise: »die alte klasse, seinen dreck, seinen fetten wanst, die trübe tasse, den penner, die votze, kollaboration und verrat« (84). Der Kampf dagegen geht im Gefängnis weiter: »es gibt nur eine befreiung […] und nur eine heilung […] das ist die gewalt gegen die schweine: knarre, bewusstsein und kollektiv. wir sind entwaffnet. aber wessen sie uns auch jetzt nicht berauben können […] ist bewusstsein und kollektiv. und bewusstsein ist nicht bücherwissen, sondern der hass« (24) – »es geht mit dieser ganzen sache – guerilla – nicht drum, sich auf eine seite […] ›zu stellen‹ – ich erkenne darin nichts – es geht nicht mal darum, sich ›zu verhalten‹ wie u meint, sondern das verhältnis zu sein, also dauernd zu *werden*« (243), im Gefängnis als Verbindung ortsspezifischer Renitenz mit individuell-spirituellen Exerzitien unter Gruppendruck: »es ist n tatbestand, erfahren und erfahrbar: daß es im entwicklungsprozess eines revolutionärs den knotenpunkt […] gibt, an dem alles reden, erklären nichts hilft, nur der bewohner des knotens selbst ihn lösen, in die luft sprengen kann […] also *machs* doch, in stücke fetzen, das kann man, eben *weil* du politisch genug wissen könntest, von dir verlangen: ohne allzugroßen aufwand. die alternative ist: spaltung (deinerseits)

---

46 »der kriminelle, der wahnsinnige, der selbstmörder – sie verkörpern diesen widerspruch. sie verrecken in ihm. ihr verrecken verdeutlicht die ausweglosigkeit/ohnmacht des menschen im system: entweder du vernichtest dich selbst oder du vernichtest andere, entweder tot oder egoist […] in ihrem verrecken zeigt sich gleichzeitig die verneinung des systems: ihre kriminalität, ihr wahnsinn, ihr tod ist ausdruck der rebellion der zertrümmerten subjekte gegen ihre zertrümmerung, nicht ding, sondern mensch.« (18)

bzw. trennung von spaltung (unsererseits)« (46) – »was man dir also gern sagen will: tauch mal unter, ›in die tiefe‹, such und find die subtilen, giftigen, terrorisierenden, blutsaugenden mechanismen des weltmarkts, gesamtkapitals in dir – es ist wirklich die einzige möglichkeit, auch uns damit nicht zu terrorisieren.« (31) – »aber du sollst endlich mal das verhältnis von kritik = angriff und durchblick, hilfe kapieren. und wenn da wut dabei ist, dann kann das nur gut sein, weil wut was lebendiges ist in dieser wüste, weil dich das auffordert, weil du betroffen bist und dich hinhocken wirst und der scheisse auf den grund gehen und sie AUSROTTEN […] tatsache ist, daß du auf kritik immer noch nur zurückpisst […] dafür kann man dir wirklich nur eine aufs maul geben, oder was meinst du.« (39) »überprüfe jeden text, jeden absatz, jeden satz, jedes wort auf seinen klasseninhalt und klassenstandpunkt. streiche alles restlos, was nicht proletarisch-revolutionär ist.« (83) »nicht durch zwang – egal wie vermittelt – sondern nach dem ›prinzip der tiefempfundenen freiwilligkeit‹« (51) – Die Isolationshaft – die tatsächliche sowie die zu Propagandazwecken so genannte – wird dabei im Laufe der Texte als ideale Bedingung für diesen Prozeß ausgegeben. Exklusion wird zur Exklusivität: man müsse »die fähigkeit erkämpft haben, in dieser isolation nicht nur immer bloss das diktat der schweine zu sehen, ihr werk, ihre macht, also die reaktionäre seite – sondern, und dann eben vor allem, auch die revolutionäre seite der sache: die notwendigkeit der trennung von diesem system, unser werk, die notwendigkeit der veränderung, des radikalen andersseins, des ›neuen menschen‹, ohne den es die neue gesellschaft, den qualitativen sprung, natürlich nie geben wird.« (27)

Und man muß das ernst nehmen: nicht die von Horst-Eberhard Richter supponierten Ohnmachtserfahrungen befördern die Radikalisierung, sondern die Erfahrung von Exklusivität und Macht. Schließlich sind *sie* es, für die man einen ganze Gefängniskomplex errichtet, schließlich erzwingen sie bessere Haftbedingungen als sie sonst irgendein Häftling hat, und der Staat läßt sich lieber Folter nachsagen, als daß er es zugibt. Die Schreiber der Kassiber arbeiten dabei an einem Identitätskonzept, das Authentizität als maximale Unterkomplexität versteht, und nehmen dabei die Mode der Trash-Talkshows des Jahrhundertwechsels voraus.

Es ist wohl Jan-Carl Raspe, der diesen Transformationsprozeß so formuliert:

»ich nenn das mal die emotionale/existentielle seite: daß die freiwilligkeit, der anfangs (also vor 4 jahren) als zu eroberndes, zu erlernendes ziel + verhalten *können* noch ganz wesentlich ne abhängigkeit, ne bedingung zugrunde lag: die einsicht in die notwendigkeit – was sich dann subjektiv noch als zwang sich selbst gegenüber in bestimmten situationen, bei bestimmten jobs darstellte. und daß sie auch auf der emotionalen, existentiellen ebene nur erreichbar war, wenn da ne entscheidung, n entschluss zugrunde lag – also für den, der das macht, noch ne entscheidung zwischen alternativen.« (198) Solange man sich also noch entscheiden muß – sprich: kann –, ist man noch nicht dort angekommen, wohin man will, auf der »neuen ebene«: »auf der es eben keine alternative gibt – wie das vielleicht noch am anfang der fall war und wo dann ne entscheidung stand. Es ist da nirgends mehr ne frage der entscheidung; denn die ›alternative‹ ist die völlige selbstaufgabe/vernichtung (der person gegenüber sich selbst) bzw gegenüber dem kollektiv: der verrat« (199) – »und das ist dann wirklich nirgends mehr n kampf gegen sich selbst, sondern bekämpft und überwindet das falsche, alte im kampf *für* das neue. und das können sie dir dann auch, ganz gleich wie die bedingungen konkret aussehen, nicht mehr nehmen [...] also ich weiss das einfach« (200).

Konsequent dieses letzte Sich-Berufen auf die Evidenz reiner Gefühlswerte. Nach diesem Konzept ist erst der *eindimensionale Mensch der wahre Revolutionär*. Angesichts solcher libidinösen Besetzung der *Idee einer Welt ohne Alternativen*, einer *Authentizität ohne Freiheit*, einer *Identität ohne Komplexität*, kurz: der *Idealisierung der Idiotie*, liegt die gleichfalls libidinöse Besetzung des eigenen Todes nahe. Rein obsessionshistorisch ist es sowieso immer der Tod, der der endgültigen Transformation vorausgehen muß, explikationslogisch kann mit ihm am besten dargelegt werden, daß man dort angekommen ist, wo man schon immer hinwollte. Der Tod verbürgt die endgültige Abgrenzung, demonstriert die Alternativlosigkeit der Welt, zeigt, daß einer sich »treu bis in den Tod« geblieben ist und also die »Krone des (wahren) Lebens« verdient. Mit dem Tod ist sowieso fast jedes pathetische Klischee kompatibel; für die großen Reduktionäre gilt, daß sie etwas Besseres als den Tod nirgendwo finden können. Es gibt einen Moment, in dem Baader die Gefahr des Italowestern-à-la-Stammheim kurz bewußt wird – er nennt den Todeskult »peinlich« (103) –, aber sei es, daß das Beispiel Holger Meins und seine Wirkung nach draußen verführerisch wirkt, sei es, daß sich an die Stelle der kreatürlichen Empfindung des Todes als Ohnmachtserfahrung die fixe Idee des Machterlebens im Tod setzt – der ästhetische Abscheu des ehemaligen Lebemanns vor dem Tod ist nicht von Dauer und wird durch die Rolle des Kommandanten des Selbstmordkommandos ersetzt.

In der Replik auf die eben zitierten Grübeleien Raspes heißt es in einem Brief Gudrun Ensslins:

»der ›operator‹ des streiks […] ist *der entschluss* […]: mit der konsequenz, dabei auch zu sterben – wenn es notwendig ist, um zu siegen. das ist die bedeutung von freiheit [...] denn so ist die ganze situation, aus der die raf kommt, bestimmt, erfahren, erlebt von jedem [...] freiheit ist nur im kampf möglich + eine bedingung des kampfes ist, im kampfe sterben zu können. alles andere ist dreck« (201 f.)

Die Todesteleologie wird von einem Körperfetischismus begleitet. Die Transformation zu einer neuen Identität wird auch so beschrieben:

»klar jedenfalls: die gestörten körperfunktionen und der eiter sind der gewaltsam eingeschlossene bullendreck. FREMDkörper. schmerzt natürlich sowas. merkt sogar der körper. man muss täglich die stube fegen, sagt mao« (64) – Dann: »der *körper*, der die waffe ist, ist das kollektiv, einheit. sonst nix. [...] jeder kann dabei sterben. [...] deshalb + nur so ist der streik: die waffe [...] KAMPF DER KAMPF ERZEUGT. [...] DAS MUSS JEDER TICKEN« (169) – und: »›unter meiner haut beginnt das befreite gebiet, die selbständige rote macht‹« (83) – Schließlich: »DIE WAFFE MENSCH« und »VERACHTUNG DES TODES« (65) – »›fragst du mich im allgemeinen, wie der kampf enden wird? ich antworte: mit dem sieg. fragst du mich aber im besonderen, dann antworte ich: mit dem tod‹ savonarola« (74) – »DIE LINIE [...] befreiungskampf. [...] konkret: dass noch einige von uns in dieser aktion sterben können.« (211)

Der Kampf um die Haftbedingungen wird in gänzlich absurder Weise zu einem Geschehen, in dem sich der Weltgeist offenbart – und seine finale Offenbarung ist der Tod, und in der Niederschrift schon der kleine vor dem großen, man höre auf den Ton:

»in diesen bedingungen IST ALLES enthalten: weil um das zu erreichen wir UNS verwirklichen MÜSSEN – was wir sind, was uns absolut ist, von anfang bis ende – geschichte, kampf, entwicklung des kampfes, von der sehnsucht, dem hunger zu kämpfen bis zur kampfunfähigkeit: der gewissheit, bewusst, im kampf zu sterben. einfach: dem volk zu dienen – raf.« (211 f.)

Das mag für manche gewirkt haben wie Sally am Nebentisch: von der Speise hätten sie auch gerne gekostet. Es gibt diese Erregung auch in der mehr phallischen Variante:

»das ist klar: n typ, der sich über monate auf seinen tod zu bewegen kann, bewusst, wie ein projektil die zum äussersten entschlossene waffe seiner politik (unserer) ist ein guerilla, *kann* mit dieser erfahrung – wenn er ehrlich war – kämpfen unter allen bedingungen und sicher ohne jede verzweiflung. […] diese möglichkeit, die sich im hs abbildet (und so ist er wirklich die ›heiligste waffe‹ wie die ira sagt)« (205) Kurz: »also: revolution ist opfer, tod und nur das.« (111)

In dem, was hier zur Papier gebracht wird – »schreib. auf meine haut« – wird tatsächlich Wort und Tat und Lebensgefühl eins. So etwas ist immer dann einfach, wenn es auf den kleinsten gemeinsamen Nenner geht, phonetisch den des Stakkatos, semantisch den der Tabuverletzung in Repetition, psychisch damit den der Perversion und psychodynamisch den der seelischen Entleerung: »Mensch, Kampf, Haß, RAF, Schweine, Bullen, Scheiße, Votze, Tod«. Was ist daran attraktiv? Die Frage ist falsch gestellt. Attraktiv ist, was sich expressiv präsentiert, in sich selbst – soll heißen: die Attraktivität liegt nicht hinter der Expression und muß zu ihrer Erklärung/Plausibilisierung herangezogen werden, sondern in dem Zusammenklang von Selbstentwurf und gelebter Realität, die sich in der Emphase des Textes zeigt. Es wäre natürlich Unsinn zu sagen, also sei Hochsicherheitstrakt und Selbstmord das eigentliche Ziel der Politik der RAF gewesen. Nicht unsinnig ist, anzunehmen, daß es ihren Mitgliedern gelang, in Planung und Durchführung von Bombenanschlägen,

Entführungen und Morden sowie in der Inbetriebnahme ihrer Haft als Instrument zu landesweiter Selbstdarstellung und im Selbstmord als finaler Identitätsfindung ein Maximum an nicht nur selbstempfundener Authentizität zu erreichen,[47] sondern auch eine nicht kleine Gruppe von Zuschauern zu schaudernden Mitgenießern dieses Triumphs zu machen.

Die Attraktivität der RAF

Die Selbstbilder, die einer oder eine Gruppe von sich entwirft, kommen nicht aus dem Nichts. Wie immer die individuellen Emotionen beschaffen sein mögen, die in ihnen ihren Ausdruck finden, wie immer die individuelle Lebensgeschichte aussehen mag, die ihr Wunschtelos in einem solchem Bild erblickt, die Teile, aus denen sie zusammengesetzt sind, sind vorgefunden – wäre es anders, sie könnten nicht nur nicht kommuniziert oder verstanden werden, sondern man würde überhaupt nicht bemerken, daß es sich um etwas wie Selbstbilder handelt; auch dort gibt es keine Privatsprache. Das Zusammenpassen von Selbstentwurf und gelebtem Leben findet im Medium der Anerkennung statt. Anerkennung bedeutet Zuschreibung eines Gelingens, der Lösung eines Problems. Die Anerkennung muß keine Billigung sein: den Verbre-

---

47 Vgl. Jan Philipp Reemtsma, Sonst nix. Oder: Wer ist Caliban, in: ders., Warum Hagen Jung-Ortlieb erschlug. Unzeitgemäßes über Krieg und Tod, München 2003, S. 276f.

cher tadelt man, und man tadelt ihn nicht weniger, wenn er erfolgreich ist, im Gegenteil. Aber man billigt ihm zu, daß er zum Beispiel das Problem von sozial akzeptiertem Bereicherungswunsch und ungleicher Chancenverteilung für sich gelöst hat, und man bestraft ihn u. a. deshalb, weil dieser individuelle Lösungsweg ohne Strafandrohung noch attraktiver sein könnte, als er ohnehin ist. Der existentielle Triumph des Verbrechers der einen oder anderen Sorte ist der Triumph, den auch jeder andere Erfolgreiche hat. Er besteht in dem Gefühl, das eigene Leben stelle *die spezielle Antwort auf ein allgemeines Problem* dar, und der Unterstellung, daß andere das ebenso sehen. Diese Unterstellung muß Nahrung bekommen. Die Geschichte der RAF zu verstehen heißt, die Attraktivität zu verstehen, die sie für andere hatte. Worin bestand sie?

(a) Das Mutproblem der Linken in den siebziger Jahren

In einem Umfeld, das im großen und ganzen dieselben Idealisierungen pflegte, das heißt dieselben Bilder und Texte als Erregungsvorlagen verwendete – pro toto möge hier Sartres Vorwort zu Fanons »Verdammte dieser Erde«, Degenhardts »Deutscher Sonntag«[48] und Biermanns Guevara als Christus mit der Knarre stehen –, bestand die Attraktivität der RAF zunächst darin, daß sie Ernst zu machen schien. Auch dann, wenn man ihre politischen Prämissen (wenn wir die Äußerungen zum

---

48 Vgl. Gerd Koenen, Das rote Jahrzehnt. Unsere kleine deutsche Kulturrevolution 1967–1977, Köln 2001, S. 100 f.

Weltverständnis mal so nennen wollen) nicht teilte, so teilte man doch die Überzeugung, daß es irgendwann die Situation geben könnte, wo auch der zivilste Akademiker oder Sozialarbeiter vor der Frage stehen würde, ob er sein Leben oder wenigstens seine Lebensgewohnheiten aufs Spiel setzen oder einen Widerspruch zwischen Ideal und Lebenswirklichkeit würde zugeben müssen. Wer immer sich in solcher Situation der Antizipation befand, konnte das Eingeständnis, daß das Ideal weichen werde, zumindest dadurch hinausschieben, daß er Leute bewunderte, die handfest zu beweisen schienen, daß man sich eben auch anders, mutig entscheiden könnte. Sie machten kein manifestes schlechtes Gewissen, denn sie irrten sich ja im Zeitpunkt, aber ein latentes, denn sie behaupteten stets, nicht die analytische Differenz mache den Unterschied, sondern der Mut, und man ahnte, daß sie recht hatten. Insofern war die RAF ein Teil und ein akzeptierter Teil der deutschen Linken, und insofern war die Unterstützung, die sie erhielt – und wenn die nur darin bestand, sich über die Primitivität und Brutalität ihres Redens und Tuns in die Tasche zu lügen und sie als Menschen zu zeichnen, die im Grunde denselben Idealen anhingen wie man selbst, nur eben leider mit schlecht getimten Mitteln – ein Teil der Verwirklichung des Selbstbilds der Linken, sie verbürgte damit auch *deren* Identität.

(b) Der Wunsch nach Authentizität

Die Faszination durch die RAF hält aber über die Virulenz der Phantasie vom irgendwann aktuellen bewaffneten Kampf hinaus an. Diese war Folklore der siebziger

Jahre des vorigen Jahrhunderts und Innenausstattung unaufgeräumter Wohngemeinschaften. »Die Attraktivität von fundamentalistischen, nicht auf Übereinstimmung mit allen, sondern auf Abgrenzung bedachten Identifikationen« gebe generell zu denken, schreibt Niklas Luhmann in »Die Gesellschaft der Gesellschaft«. Er sieht darin nicht ein Symptom einer Krise des Verhältnisses Individuum/Gesellschaft, sondern der *Krise des Konzepts der Individualität* als Strategie zur Bewältigung der allenthalben vorrätigen Krise »im Verhältnis psychischer und sozialer Systeme«.[49] Der Gedankengang ist in etwa der: Eine auf funktionale Differenzierung gestellte Gesellschaft hat keinen verbindlichen Inklusionsmodus mehr; Inklusion wird »den Funktionssystemen überlassen«.[50] Die Schaffung der Idee des Individuums dient dazu, die damit verbundenen Strapazen und Unsicherheiten zu kompensieren. Zwar gibt es für kaum jemanden mehr einen »natürlichen« sozialen Ort – dafür ist dieser aber potentiell überall, denn jedes Subjekt ist mit jedem anderen gleich qua Mensch. Das ist einmal eine ungeheure Aufwertung: der Einzelne repräsentiert sich und gleichzeitig die gesamte Gattung. Diese Idee einer ideellen Gleichheit verträgt sich aber durchaus mit der Tatsache reeller Ungleichheiten. »Der Begriff der Gleichheit neutralisiert herkunftsbedingte Ungleichheiten, um die Möglichkeit zu geben, funktionsystembedingte Ungleichheiten zu entwickeln (vor allem zunächst: solche des Eigentums, heute eher: solche der Position in Organisa-

---

49 Niklas Luhmann, Die Gesellschaft der Gesellschaft, Frankfurt am Main 1997, S. 1035.
50 Ebenda, S. 1025.

tionen).«[51] Zudem hat die pathetische Idee der im Einzelnen repräsentierten Menschheit eine Kehrseite, die der Bedeutungslosigkeit in der großen Zahl. Zwar wird diesem Gefühl gegengesteuert durch die Vorstellung, der Einzelne sei Mensch gerade in seiner Besonderheit, in seiner Eigenschaft, sich von allen anderen zu unterscheiden, aber, wie nicht nur Luhmann betont, widerstreitet diese Vorstellung jeder Evidenz,[52] und wenigstens in Krisen – Kriegen etwa – wird man sich der anders beschaffenen Evidenz auch bewußt. Um diesem Bewußtsein gegenzusteuern hat der Begriff des Subjektes auch noch folgenden Sinn: Er habe »die rhetorische Funktion, das Individuum gegen die Einsicht in die eigene Bedeutungslosigkeit als eines von vielen Milliarden zu schützen: Es ist immerhin ein Subjekt (und nicht bloß ein Objekt) und hat Anspruch darauf, entsprechend behandelt zu werden. Mit dem Subjektbegriff wird für Autonomie und gegen Heteronomie, für Emanzipation und gegen Manipulation votiert.«[53]

Man kann aus dieser Überlegung den Schluß ziehen, daß das Konzept des autonomen Subjekts bzw. der Individualität seinerseits nicht allzusehr strapaziert werden darf. Es bedarf auf jeden Fall eines kompetenten Managements. Um dem bekannten Bonmot Freuds eine etwas andere Richtung zu geben: In der Moderne reicht das

51 Ebenda, S. 1026 f.
52 Vgl. ebenda, S. 1018. Gary Larson hat einmal einen Cartoon mit einer typischen Antarktislandschaft voller Pinguine gezeichnet, von denen einer plötzlich das Lied »It's gonna be me, be me, be me« anstimmt.
53 Ebenda, S. 1027.

Angebot einer kollektiven Neurose nicht mehr aus, es muß eine individuelle ausgebildet und zuweilen Fachleuten überantwortet werden. Das moderne überindividuelle Angebot zur Unterstützung des Managements der Individualität ist bekannt, es ist die Trennung von Arbeit einer- und Freizeit, Konsum und Kultur andererseits. Diese sind seitens der Kulturkritik miteinander identifiziert und so als Schwindel denunziert sowie in ihrer kompensatorischen Form begriffen worden. Daß diese Kritik unkräftig bleiben mußte, liegt allerdings auf der Hand.

Will man das, was im Kontext solcher Kritik »Kulturindustrie« hieß, als permanente Anstrengung verstehen, die Heteronomiediktate einer funktional differenzierten Gesellschaft dadurch erträglich zu machen, daß permanent rollenunabhängige Rollen und massenhafte Distinktionsmöglichkeiten, Autonomiemasken sozusagen, offeriert werden, so liegt darin für den, der sich »wirklich unterscheiden« möchte und »nur als er selbst« ernst genommen, ein Problem. Daß dies möglich ist, aber nur um den Preis, daß solche Exzentrizität als gleichermaßen im Angebot verstanden wird wie alle anderen Distinktionsdraperien auch, ist das Frustrierende, das in die einschlägige Formel von der repressiven Toleranz gepackt wurde. Wie dem auch sei, jedenfalls hat sich dieser soziale Mechanismus (wenn es erlaubt ist, einfachheitshalber diese Metapher zu verwenden) als ausgesprochen erfolgreich erwiesen. Er wird jedenfalls überall auf der Welt nicht nur als Bedrohung »wirklicher Individualität«, sondern auch als Bedrohung kultureller Eigenständigkeit respektive Borniertheit und religiösen Fanatismus wahrgenommen.

Die Kehrseite der Medaille ist leicht zu entwerfen. Auf ihr stünde ein Konzept von Individualität und wahrer Menschlichkeit, das alldem den Kampf ansagt und »wahre Individualität« in der Ununterscheidbarkeit innerhalb einer sich radikal unterscheidenden Gruppe zu verwirklichen sucht. Die besondere Attraktivität dieser Lösung des Modernitätsproblems liegt darin, daß sie, im Gegensatz zur kulturindustriellen, in Kleingruppen verwirklicht werden kann, deren bloße Existenz bereits die Erfüllung ihres Versprechens darstellt. Den psychischen Standort dieser Gruppen hat Horst-Eberhard Richter richtig mit dem kleinianischen Terminus der »paranoiden Position« bezeichnet, und ihr Agieren ist auch in einem weniger theoriespezifischen Sinn paranoid: ihre ganze Existenz erfüllt sich in der permanenten Herstellung respektive Aufrechterhaltung des Wir-oder-Sie, Schwein-oder-Mensch, Konsument-oder-Revolutionär. Die Gruppe ist stets bedroht, muß sich so den Kampf zum eigentlichen und einzigen Lebensinhalt machen und kann das auch unter allen Bedingungen: »handlungsfreiheit beraubt ist natürlich nicht identität beraubt, nicht kampf aufgehört.« Damit wird das Phantasma des Kampfes zum Triumph über die Realität, und die Forcierung des Grundgefühls reicht hin zum Erlebnis des Sieges. Die Kulturindustrie ist zwar erfolgreich, aber irgendwie stimmt in ihr nichts; im Gegenangebot der paranoiden Gruppe stimmt aber alles, und aus der Innenperspektive ist sie auch erfolgreich.

Dieses »Stimmen« und dieser »Erfolg« ist an ihre Gewalttätigkeit gebunden. Die Grenze nach außen kann irgendwann erfolgreich nur noch durch spektakuläre Aggression gezogen werden, weil sonst stets der Verdacht besteht, die Gruppe sei ins bekämpfte Großeganze integriert worden: »Indem wir die revolutionäre Guerilla aufbauen, schaffen wir ein Instrument, das der Repression des Systems nicht ausgeliefert ist, das seine Handlungsfreiheit nicht aus der Toleranz des Systems bezieht.«[54] Die Gewalttat verleiht dem Wahn Realität. Die Gruppe nötigt so alle anderen, ihre Weltsicht wahrzunehmen und ernst zu nehmen und entwickelt eine Macht, über die sonst niemand verfügt. Staunend erleben die Zuschauer diese destruktiven Machtdemonstrationen als Selbstbefreiung. Gudrun Ensslins Vater sprach, alle Theologie über den Haufen kegelnd und nur seiner Faszination einen wie trunkenen Ausdruck verleihend, von einer »ganz heiligen Selbstverwirklichung« und von einer »Selbstverwirklichung«, die »ein größeres Fanal« sei als eine Brandstiftung. Ihre Mutter empfand, daß durch die Tochter »etwas Freies bewirkt« worden sei, »sogar in der Familie«. Gudrun Ensslin leide, faßte es der Gerichtspsychiater unnachahmlich zusammen, »unter dem Ungenügen unserer Existenz«.[55]

In seinem Roman »Böse Geister« – trotz aller Neigung zu Mystifikationen immer noch eine der ganz großen Studien über den Terrorismus – läßt Dostojewski Stepan Trofimowitsch Werchowenski, einen erfolglosen und lächerlichen Intellektuellen, zudem Vater des Anführers einer Terroristengrupe, das Geheimnis solcher Gruppen ausplaudern: »Meine Herrschaften, ich habe das Geheimnis entdeckt. Das ganze Geheimnis ihrer Wirkung – liegt in ihrer Dummheit! [...] Jawohl, meine Herrschaf-

---

54 Zitiert nach Christian Schneider, Das war die RAF: Eine kurze Geschichte des Todes, in: die tageszeitung, 11./12. 9. 2004.

55 Ebenda.

ten, wäre diese Dummheit eine vorsätzliche, eine falsche, aus Berechnung – oh, das wäre sogar genial! Aber man muß ihnen Gerechtigkeit widerfahren lassen: Sie haben nicht gefälscht. Es ist die nackteste, einfältigste, kurzsichtigste Dummheit – C'est la bêtise dans sons essence la plus pure, quelque chose comme un simple chimique. Wäre das alles auch nur eine Spur klüger ausgedrückt, dann könnte jeder auf den ersten Blick die ganze Armseligkeit dieser kurzsichtigen Dummheit erkennen. Aber jetzt bleiben alle staunend davor stehen: Keiner will glauben, daß es sich um eine derart elementare Dummheit handelt. ›Es ist ausgeschlossen, daß nichts dahintersteckt‹, sagt sich jeder und sucht nach etwas Verborgenem, ahnt ein Geheimnis, möchte zwischen den Zeilen lesen [...].«[56] Das ist richtig, es muß nur hinzugefügt werden: die Verführung zur Hermeneutik geht nicht von der Dummheit aus, sondern von Macht und Gewalt, nicht von dem Gestammel der Kassiber, nicht von den barbarischen Erklärungen der Mordkommandos, nicht von den larmoyanten und empathieunfähigen Statements von Menschen wie Birgit Hogefeld. Sie geht aus von der manifesten Gewalt, die zu diesen Texten gehört, von den triumphierenden Machtgefühlen, von denen sie zeugen, und deren Verleugnung – auch die Verleugnung von deren Attraktivität – dazu führt, daß man in die Nähe ihrer Soziopathie gerät, die sich etwa darin zeigt, daß weder Hogefeld noch Richter das Leid von rund hundert Menschen für erwähnenswert halten, von denen nur gesagt wird, daß es sich eben um »Mallorca-Urlauber« gehan-

---

56 Fjodor Dostojewski, Böse Geister (aus dem Russischen von Swetlana Geier), Zürich 1998, S. 680.

delt habe. Objekte der Freizeitindustrie eben – »der konsument das ding, die ware, nicht tier noch mensch« –, nun Objekte revolutionärer Sachzwänge, ein Mittel, in dem sich die ursprünglich von Idealen geleitete Kritik der Verhältnisse allenfalls vergriffen habe.

Man versteht nichts von der Geschichte der RAF, wenn man nicht insbesondere die Gewaltlockung erkennt, die in der Idee eines nichtentfremdeten, authentischen Lebens liegt. Nur unter dieser Perspektive versteht man, wie es zu einem »Mythos RAF« kommen konnte, wie dieser Gruppe Desperados, die sich in Brutalität und Vulgarität gefielen, die Aura des Rätsels zuwachsen konnte. Sie tendierten dazu, Ikonen der Authentizität zu werden, wie die klassischen Desperados auch, die in der Wirklichkeit, wo sie denn eine hatten, ebenso desperate Gestalten gewesen sein dürften. Wird der Druck der Differenziertheit für den Einzelnen zu groß, vergafft er sich – das wußte schon Professor Kuckuck im Speisewagen nach Lissabon – ins Blöde, weil für ihn dort das Geheimnis der Erlösung liegt. Und weil der Druck der Vereinzelung für einen solchen Einzelnen zu groß ist, bildet er Gruppen und pflegt solidarische Gemeinschaft. Solidarität respektive Kameradschaft, das wußten Hannah Arendt und Sebastian Haffner, sind für solche, die das bürgerliche Leben nicht aushalten, weil es sie überfordert. Was man in Gefahrensituationen braucht, um zu überleben, und aufgeben muß, wenn die Gefahr vorbei ist, wird, wenn zur authentischen Lebensform stilisiert, selber zum Gefahrenproduzenten. Die Gruppe produziert die Umwelt, die sie braucht, um eine Gruppe zu bilden, die nicht komplett wahnsinnig aussieht. Für viele verständnisvolle Außenstehende wird daraus eine Gruppe, die in die Isolation getrieben wird, und so wird der gewaltsame Akt, der die Gruppe bildet, in der idealisierenden Phantasie des Verständnisvollen zur Reaktionsbildung auf eine feindselige Umwelt, gar zur teilweise legitimen. Die Voraussetzung wird zur Folge umgedichtet: ante hoc – propter hoc.

Keine terroristische Gruppe könnte sonderlich erfolgreich sein ohne solche verständnisvollen Dritten, die die Sehnsüchte nach Authentizität, unentfremdetem Leben sive Undifferenziertheit und Dummheit teilen, sich aber nicht trauen, selber zuzuschlagen, und darum von der terroristischen Gruppe verachtet werden. Die Feigheit des verständnisvollen Dritten ist das Moment an Realitätstüchtigkeit in ihm. Er ist nicht komplett verrückt. Aber aus der Kompromißbildung widerstreitender Affekte – hin zu den Wonnen der Undifferenziertheit versus das liebe Leben – folgt oft eine Anstrengung, deren Resultat dann als intellektuelle Bemühung Diskussionswürdigkeit für sich in Anspruch nimmt. Die Geschichte der RAF kann man nicht verstehen, ohne die theorieförmigen Affekte verständnisvoller Dritter zu analysieren.

Zu den Autoren

Wolfgang Kraushaar, Dr. phil., Politikwissenschaftler, arbeitet seit 1987 am Hamburger Institut für Sozialforschung. Seine Forschungsschwerpunkte sind die Protestbewegungen in der Bundesrepublik und der ehemaligen DDR. Neuere Veröffentlichungen: Frankfurter Schule und Studentenbewegung. Von der Flaschenpost zum Molotowcocktail 1946 bis 1995, CD-ROM, Hamburg 2003; Fischer in Frankfurt. Karriere eines Außenseiters, Hamburg 2001; Linke Geisterfahrer. Denkanstöße für eine antitotalitäre Linke, Frankfurt am Main 2001; 1968 als Mythos, Chiffre und Zäsur, Hamburg 2000; Die Protest-Chronik 1949–1959. Eine illustrierte Geschichte von Bewegung, Widerstand und Utopie, Bd. I–IV, Hamburg 1996.

Jan-Philipp Reemtsma lehrt Neuere Deutsche Literatur an der Universität Hamburg, ist Geschäftsführender Vorstand des Hamburger Instituts für Sozialforschung und Vorstand der Arno Schmidt Stiftung. Zahlreiche Veröffentlichungen zu literarischen, historischen, politischen und philosophischen Themen, darunter Verbrechensopfer. Recht und Gerechtigkeit (zusammen mit Winfried Hassemer), München 2002, Warum Hagen Jung-Ortlieb erschlug. Unzeitgemäßes über Krieg und Tod, München 2003.

Karin Wieland, studierte Politische Theorie und Ideengeschichte und lebt in Berlin. Neuere Veröffentlichungen: Die Geliebte des Duce. Das Leben der Margherita Sarfatti und die Erfindung des Faschismus, München 2004; Willensmenschen. Über deutsche Offiziere (Hg. zusammen mit Ursula Breymayer und Bernd Ulrich), Frankfurt am Main 1999; Worte und Blut. Das männliche Selbst im Übergang zur Neuzeit, Frankfurt am Main 1999.